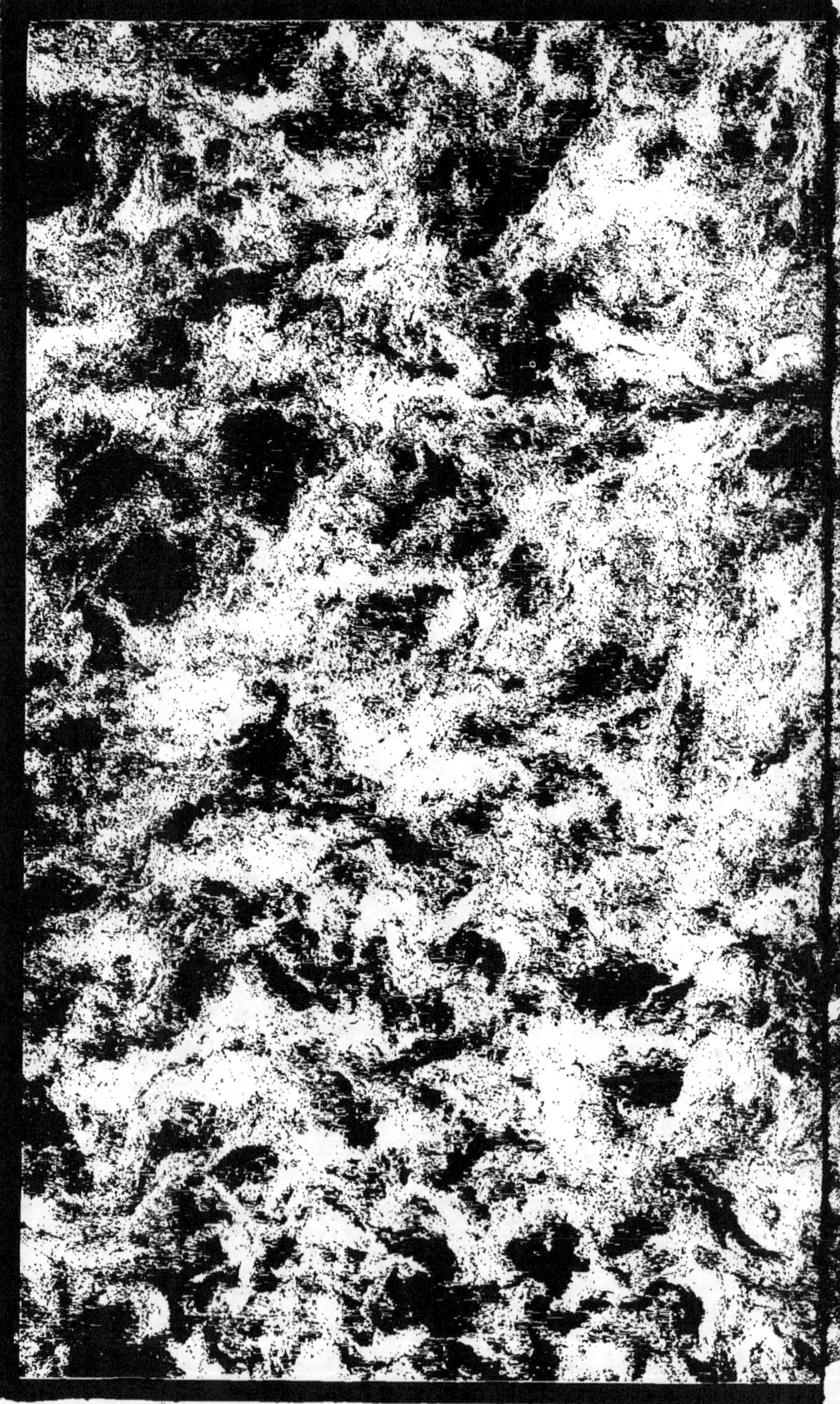

Om
2

12

0,1514

F

Ⓒ

DESCRIPTION

DE LA

NIGRITIE.

DESCRIPTION

DE LA

NIGRITIE.

Par M. P. D. P.

Ancien Conseiller au Conseil Souverain du Sénégal, & ensuite Commandant du Fort Saint-Louis de Gregoy, au royaume de Juda, & de présent Gouverneur pour le Roi de la Ville Saint-Dié-sur-Loire.

ENRICHIE DE CARTES.

A AMSTERDAM,

Et se trouve A PARIS,

Chez MARADAN, Libraire, rue Saint-André-des-arcs, Hôtel de Château-Vieux.

1789.

A M. SEDAINE,

DE L'ACADÉMIE FRANÇOISE.

MON ancien & respectable ami,
par quelques anecdotes que je vous
ai rapportées sur le séjour que j'ai
fait pendant vingt-deux années à la
côte d'Afrique, chez les nègres,
dans les différens établissemens de
l'ancienne Compagnie des Indes,
vous avez jugé que la singularité
des mœurs de ses habitans méritoit
d'être écrite. Vous m'avez dit que
je ne devois pas laisser périr les
connoissances que m'avoient donné

fur ces pays vingt-deux années d'obfervations, vous m'avez même ajouté
qu'il étoit de mon devoir de me
livrer à ce travail avec d'autant plus
de raifon, que je convenois, que
tout ce que nous avons de relations
de ces contrées, eft abfolument contraire à la vérité, & fouvent de
l'abfurdité la plus révoltante.

J'ai long-temps réfifté à votre
follicitation. Je m'en fuis toujours
défendu, tant à caufe de mon in-
capacité, pour une telle entreprife,
que parce qu'à mon âge, on commence à devenir pareffeux. Cepen-

dant, encouragé par la promeſſe que vous m'avez faite, de corriger mes fautes de diction ; je viens d'entreprendre l'Ouvrage dont il s'agit. Je vous le préſente comme l'hommage de ma ſincère reconnoiſſance, due à l'amitié que vous avez pour moi, depuis cinquante-trois ans, à vos talens, & plus encore, aux qualités du cœur, qui ſont ineſtimables, & que j'ai toujours reconnues en vous. Si mon Ouvrage ne répond pas à votre attente, n'en accuſez que vous-même. Je garantis ſeulement que vous n'y trouverez rien que de conforme à la plus exacte vérité, ce qui à vos yeux, m'excusera sur mon peu de talens à écrire.

DESCRIPTION

DESCRIPTION

DE LA

NIGRITIE.

Là Nigritie commence à la rivière du Sénégal, situé par les 16 dégrés, 12 à 15 minutes du nord. Quelques géographes prétendent que le cours du Niger connu, n'est qu'un bras de ce fleuve. A deux lieues de son embouchure, est, au milieu, l'isle du Sénégal. Elle a tout au plus un quart de lieue de long, & à-peu-près 150 à 200 toises de large. Au milieu de cette isle, est situé le fort Saint-Louis, où résidoit

A

le commandant général de toute la
conceſſion, avec un ſous-directeur, un
inſpecteur de magaſin, deux teneurs de
livres, ce qui compoſoit un conſeil ſouverain de cinq perſonnes, qui peuvent
juger à mort. Il y a de plus, un capitaine & un lieutenant de port, un garde-
magaſin général, un ſous-garde magaſin, huit à dix commis pour les
traites de la rivière & pour les écri-
tures. Un maître de port, un voilier,
dix à douze matelots blancs pour aider
la navigation de la mer, deux ſergens,
quarante à cinquante ſoldats, pluſieurs
charpentiers de navire, deux taillan-
diers, deux ſerruriers, cinq à ſix ma-
çons & quelques matelots mulâtres pour
la mer, & preſque toujours cent à cent
cinquante matelots négres, apparte-
nans, partie aux femmes libres de l'iſle,
partie à la compagnie.

De chaque côté du fort eſt un grand
village; celui qui eſt ſitué à gauche, ſe
nomme le côté des chrétiennes, où ſont

retirées toutes les métives, métifs, mulâtres, mulâtresses, quartrons, quartron-
nes, & les négresses libres avec tous
leurs captifs, qu'elles louent à la compagnie 6 livres chacun, par mois,
pour la navigation de la rivière, pour
faire de la chaux, pour couper du
bois, &c. &c.

L'autre village du côté droit, se
nomme Laudau; il est habité par des
négres & négresses libres ou captifs,
presque tous mahométans, parmi lesquels cependant il y a encore quelques
chrétiens. Les femmes de cette isle en
général, sont fort attachées aux blancs,
& les soignent on ne peut mieux, lorsqu'ils sont malades. La plupart vivent
avec beaucoup d'aisance, & plusieurs
de ces négresses ont à elles trente à
quarante esclaves, qu'elles louent en
partie comme je l'ai déjà dit à la compagnie. Ces captifs font tous les ans le
voyage de Galane, en qualité de matelots; ils en rapportent à leurs maîtresses

quinze, vingt & jufqu'à trente gros
d'or, provenans de la vente de deux
bariques de fel, qu'on leur permet
d'embarquer en forme de port permis.
Avec cet or, ces femmes font fabriquer
une partie en bijoux, & l'autre partie
eft employée à acheter des vêtemens,
car elles aiment, comme par-tout ailleurs, la parure. Leurs habillemens,
quoique très - élégans, leur fied très-
bien. Elles portent fur la tête un mouchoir blanc fort artiftement arrangé,
par-deffus lequel elles placent un petit
ruban noir étroit, ou de couleur, autour
de la tête. Une chemife à la françoife,
garnie, un corfet de taffetas ou de
mouffeline, une jupe de même, & pa-
reille au corfet, des boucles d'oreilles
d'or, des chaînes de pieds d'or ou d'argent, lorfqu'elles n'en ont point d'autres, avec des bembouches de maro-
quin rouge, aux pieds; par-deffus leur
corfet, elles portent un morceau de
deux aulnes de mouffeline, dont les

bouts se jettent par - dessus l'épaule gauche. Vêtues ainsi lorsqu'elles sortent, elle se font suivre par une ou deux raparilles, qui leur servent de femmes-de-chambre, également très - parées ; mais un peu plus à la légére, & un peu moins modestement d'après nos usages. On s'accoutume cependant très-vîte à supporter la vue de ces femmes presque nues, sans se scandaliser. Leurs usages étant différens des nôtres, d'autant que par l'habitude, cette nudité ne fait pas plus d'impression, que si elles étoient couvertes.

Les femmes escortées ainsi lorsqu'elles sortent, rencontrent souvent un *quiriot* (espéce d'hommes qui chantent les louanges de chacun, pour de l'argent) ; alors il ne manque pas de marcher devant elles, en débitant à leurs louanges toutes les hyperboles qui lui viennent dans l'idée, & quelques grossiéres qu'elles soient, ces femmes en sont si flattées, que dans le transport qu'ex-

citent ces adulations, elles jettent fouvent partie de leurs nippes au chanteur,
lorfqu'elles n'ont rien, dans leurs poches,
qu'elles puiffent lui donner.

Après la parure, la plus grande paf-
fion de ces femmes eft pour leurs bals,
ou folgars, qu'elles font durer quelquefois jufqu'à la pointe du jour, & dans
lefquels on boit force vin de Palme, du
pitot, efpèce de bière, & même des
vins de France, lorfqu'elles s'en peuvent procurer. La manière ordinaire
d'applaudir celles qui ont le mieux
danfé, eft de leur jetter fur le corps une
pague ou un mouchoir qu'elles rapportent à la perfonne qui le leur a jetté,
en lui faifant une profonde révérence,
pour remerciment.

Plufieurs de ces femmes font mariées
en face de l'églife, & d'autres à la
mode du pays, qui confifte en général,
dans le confentement des parties & des
parens. On a remarqué que ces derniers
mariages font toujours plus unis que

les premiers ; les femmes y font plus fidèles à leurs maris, que par-tout ailleurs. La cérémonie qui fuit ces derniers mariages, n'eft pas tout-à-fait fi décente, que la bonne conduite de ces femmes.

Le lendemain de la confommation du mariage, les parens de la mariée viennent dès la pointe du jour, enlever la pague blanche fur laquelle les époux ont paffé la nuit. Ont-ils trouvé la preuve qu'ils cherchent ? Ils attachent cette pague au bout d'un long bâton, flottant en forme de drapeau ; ils la promenent tout le jour dans le village, en chantant & vantant la nouvelle mariée & fa fageffe ; mais lorfque les parens le matin n'en ont point trouvé la certitude, ils ont foin au plus vîte d'en fubftituer une.

La rive gauche de la rivière du Sénégal, en partant de fon embouchure, eft habitée par des maures arabes mahométans. On croit, avec vraifemblance, qu'ils defcendent des maures chaffés jadis des Efpagnes ; qu'ayant paffé le détroit de Gibraltar, & fuivi la côte de la Barbarie, qui étoit inhabitée, le terrein n'étant que de pur fable, ils ont arrêté leur marche à la rivière du Sénégal ; alors décidés à s'y établir, ils fe font répandus fur la rive gauche de ce fleuve, dans la longueur de cent lieues en remontant fon courant.

Ils ont dû être long-temps fous la domination des négres de l'autre rive, leur foibleffe les ayant contraint de fe foumettre à des tributs annuels ; mais avec le temps, leur population s'eft augmentée confidérablement. Ils doivent fans doute cet avantage à l'attention de n'avoir jamais vendu d'efclaves de leur nation. Séparés en différentes tribus, ils ont acquis affez de force pour dominer les négres les plus voifins, & pour leur faire la guerre avec avantage. Ces maures ne cultivent point la terre ; ce travail leur paroît bas & humiliant, &

ſi dans quelques cantons il y a des terreins cultivés , c'eſt à leurs eſclaves
qu'ils le doivent; ils leur abandonnent
ce ſoin , & la récolte , moyennant une
redevance en grains qu'ils payent à leurs
maîtres.

L'occupation de ces peuples eſt le
commerce , qu'ils pouſſent auſſi loin
que le pays le permet. Ils joignent à ce
goût dominant , celui d'élever quantité
de bétail , comme bœufs , moutons,
chameaux , ânes , chevaux d'un grande
beauté , (j'en parlerai ailleurs.) C'eſt au
milieu de ces animaux , qui font leur
principale richeſſe , qu'ils vivent dans
les champs , ainſi que les anciens arabes , ſans avoir de demeure fixe. Ont-
ils épuiſé les pâturages des lieux dans
leſquels ils ſont campés, ils les quittent ,
& vont chercher des terreins qui leur
fourniſſent des pâtures plus abondantes.
Là, ils établiſſent des tentes , ſous leſquels
ils ſe logent; ces tentes ſont faites avec

le poil de leurs chameaux, bien tiſſu &
bien ſerré.

Ont-ils beſoin de ſe tranſporter d'un
lieu à un autre, ils chargent leurs ba-
gages ſur ces animaux ; ils y placent
leurs femmes, leurs enfans, dans des
paniers couverts, & décampent.

Ces peuples ſont preſque blancs, ſeulement un peu bazanés, tels que les
ſaltins, les tuniſiens, les algériens,
& cela ſuivant l'état qui les expoſe plus
ou moins à l'ardeur du ſoleil ; car les
femmes des chefs qui reſtent ſous les
tentes, ſont aſſez blanches, & preſqu'autant que nos européennes, dont cependant elles n'ont point l'incarnat & la
vivacité des couleurs. Les hommes & les
femmes ſont vêtus à-peu-près comme
les levantins.

Commerce des Maures & leur manière de vivre.

LES docteurs de leur loi, que l'on nomme chez eux *Marabates*, & que vulgairement on nomme au Sénégal *Marabouts* (à l'exception de quatre à cinq chefs appellés *Darmaneaux*) forment une classe plus élevée. Ils se sont emparés du commerce de la gomme, qu'ils vendent aux français, depuis le mois de décembre jusqu'en avril & mai. Lors de mon séjour en Afrique, ils en apportoient la quantité de huit à neuf cens tonneaux, de deux mille livres pesant chacun. Ils ont trois forêts de gommiers, où ils font cueillir cette gomme. Ces forêts sont éloignées de vingt à vingt-cinq lieues des Escalles, où l'on va traiter avec eux. Cette gomme est transportée au bord de la rivière du Sénégal, dans des toulons de cuir de bœuf bien tanné, sur des chameaux. Chacun d'eux en porte jusqu'à douze cent livres pesant.

Les arbres qui produisent cette gomme sont hérissés d'épines, & n'ont guères que sept à huit pieds de hauteur. Ils produisent aussi quelques morceaux d'encens.

Cette gomme, arrivée au bord de la rivière, se mesure dans un quintal, qui pèse environ mille livres. Elle se payoit de mon temps vingt-sept coudées de toile de coton bleu de Pondichéri, autrement nommé salem pourri. On y joignoit quatre peignes de buis & deux mains de papier. Cette toile est pour eux une marchandise si précieuse, qu'ils restent dans l'admiration lorsqu'ils en voyent déployer les pièces ; ainsi que nos européens à l'aspect de l'or que ces *Marabouts* apportent quelquefois à vendre. On ajoute au prix de cette gomme quelques miroirs & bassins de

cuivre, qui font donnés comme préfent.
De forte que, les frais de traite déduits,
les mille livres de gomme ne coûtoient
pas à l'ancienne compagnie des Indes
plus de trente-fix livres de notre monnoie, parce que c'étoit le tarif d'alors;
mais depuis que les anglais fe font
emparés du Sénégal, la concurrence
des navires interlopes qui font venus
traiter dans cette rivière, ont fait monter cette marchandife dix fois au-deffus
de ce qu'elle coûtoit d'abord; & quoique les français foient rentrés en poffeffion de ce pays, il leur fera impoffible
déformais de rétablir le commerce de
gomme, fur l'ancien tarif; parce que,
par les conventions faites à la dernière
paix, l'on a permis aux anglais d'aller
traiter à *Portandie*, par la mer, ce qui
les met à la même diftance que nous,
des forêts gomières, & du lieu où
nous faifons commerce de cette denrée
dans la rivière du Sénégal : de manière
qu'il eft fenfible, que toutes les fois

que les français voudront payer la
gomme au-deſſous du prix donné par
les anglais, les maures porteront toutes
leurs récoltes à ces derniers , & les
français ſe trouveront , par la concurrence la mieux protégée & la plus ac-
tive , abſolument privés de ce commerce.

Les maures ont un autre commerce
très-profitable. Il importent à plus de
deux cens lieues au haut de la rivière,
aux nations négres , qui vivent ſur le
terrein où ſont les mines d'or, tout ce
qu'ils ont beſoin d'avoir pour la vie ;
des bœufs, des moutons, du millet ,
des pois, du ſel, &c. Ce dernier article devient pour eux le commerce le
plus facile & le plus avantageux qu'ils
puiſſent faire. Ils ont des mines de ſel,
ils n'ont que la peine de le ramaſſer &
d'en charger des chameaux ou des
bœufs-porteurs , à qui ils percent le
nez , & y paſſent une bride , dont ils
ſe ſervent comme de celle d'un cheval

Ils vont vendre cette denrée aux négres, poffeffeurs des mines; ils font
établis au-deffus de *Galam.*

Ces peuples ne connoiffent point
d'autres occupations que celle de faire
laver la terre de leurs mines, par leurs
femmes, pendant feulement deux mois
de l'année. L'or que ce foible travail
leur procure, fuffit pendant un temps
confidérable, pour leur faire apporter
& fournir tout ce qui leur eft néceffaire.
Ils n'ont befoin ni de femer, ni de re-
cueillir pour vivre, ni de fabriquer des
étoffes pour fe vétir.

Comme le fel eft très-rare dans ces
contrées, les maures le leur vendent
un prix exceffif; c'eft-à-dire, trois ou
quatre onces d'or la barrique. Nos bateaux français leur en portent auffi;
mais en moindre quantité.

Quant au menu peuple des maures,
ils fe bornent à un très-petit commerce.
Il confifte à vendre le beurre qu'il ne
peut confommer, des plumes d'autru-

che, des peruches, dont l'espèce n'est connue que dans ce pays. La netteté de la prononciation des mots qu'on leur apprend, les a rendues très-agréables à nos européens. Ce peuple nous vend aussi des pierres de *bezoard* & des morceaux *d'ambre gris*. Je me rappelle d'en avoir acheté deux morceaux très-considérables ; ils pesoient près de deux livres ; ils avoient été ramassés au bord de la mer. Ceux qui me les ont vendus, n'ont jamais pu me dire l'origine de ces productions. Les uns me disoient que cet *ambre* étoit détaché du fond de la mer, & poussé par les vagues sur le rivage ; d'autres m'assuroient que cette matière étoit vomie par un poisson. J'ignore si nos plus habiles naturalistes en savent davantage.

Les chevaux arabes de ces contrées font les plus beaux que j'aie vus. Les maures qui vivent sur les bords de la rivière du Sénégal , conservent trèsexactement une généalogie de leurs

chevaux,

chevaux. Ils ont grand soin de ne les point mésallier, pour ne pas abâtardir les races renommées. Plus attentifs pour la perfection de ces animaux que nous ne le sommes pour celle de l'espèce humaine; puisqu'un noble bien constitué, a souvent la bassesse de se marier à une fille contrefaite, parce qu'elle a des biens considérables.

J'ai vu vendre un de ces chevaux à un roi négre; il le paya cent captifs, cent bœufs, & vingt chameaux. En 1752, nous en avions un destiné pour les écuries du roi. Nous le passions dans le navire la Vallence, (capitaine Clase) sur lequel j'étois passager. Ce cheval auroit fait l'admiration même de ceux qui se connoissent le moins en chevaux; mais malheureusement, nous perdîmes notre navire chargé de gomme, pres-que sous le Port-Louis. Le désordre, qui régnoit dans le bâtiment, à l'instant de notre naufrage, ne laissa à personne assez de présence d'esprit pour aller

B

couper le licol de ce pauvre animal qui étoit attaché dans l'entrepont, où il s'eſt noyé. Il auroit facilement nagé & gagné la terre, nous n'en étions pas éloignés de quarante à cinquante toiſes, lorſque nous nous perdîmes; & nous ne ſauvâmes rien que l'équipage.

Les maures ont l'adreſſe d'apprendre à leurs chevaux une quantité de choſes agréables & des mouvemens ſinguliers. Au dernier voyage que je fis dans la rivière du Sénégal, un homme conſidérable de la nation, informé que je remontois le fleuve à la cordelle, vint au-devant de moi avec dix ou douze de ſes amis tous montés ſur des chevaux arabes de toute beauté. Arrivé devant mon bateau & à portée de nous parler, il fit ranger ſa petite troupe ſur une ſeule ligne, enſuite ſans aucun mouvement apparent des cavaliers qui les montoient, les douze chevaux me firent d'abord tous enſemble trois ſaluts de la tête; enſuite, avec la même préciſion, ils mirent tous le genou droit en terre, enſuite le gauche ; & enfin les deux enſemble, ils finirent par les trois ſaluts de la tête comme ils avoient commencé. Après cette cérémonie, les cavaliers vinrent à mon bord recevoir quelques petits préſens d'uſage.

Les maures de ces contrées ſont tous d'excellens cavaliers. Ils montent les jambes courbées preſqu'à la houzarde ; mais ils ſont ſi fermes ſur leurs chevaux, que je les ai vûs pluſieurs fois courir au grand galop, ventre à terre, & ajuſter derrière eux un coup de fuſil avec au-tant de juſteſſe que s'ils avoient tiré devant eux & poſément.

Ces peuples ſont très-ſobres & vivent de peu de choſes. Leur nourriture ce-pendant n'eſt pas toujours la même ; ceux qui ſont riches en beſtiaux font mettre, pluſieurs fois l'année, quelques bœufs en *machoirant* ; c'eſt-à-dire, que le bœuf étant tué, ils enlèvent toute la chair de deſſus les os, ils la coupent

par lanières un peu plus groffes que le
pouce ; enfuite, pour la conferver, ils
la trempent une feule fois dans une eau
falée, & la font fécher après à l'ardeur
du foleil le plus brûlant, pendant cinq
à fix jours. Alors cette viande devient
féche & dure, de la forme d'une corde ;
elle fe conferve, dans cet état, un an
& plus. Lorfqu'il ont befoin de s'en
fervir, ils en mettent des parties en
poudre & la font cuire dans de l'eau.
Cela leur fert de nourriture dans leurs
voyages ; ils en font auffi un bouillon qu'ils
boivent lorfqu'ils font malades. Ils en
trempent une farine de millet, cuite &
préparée, ce qui fait un repas affez
nourriffant ; mais cette provifion n'empêche pas ceux qui font opulens de
manger fouvent de la viande fraîche &
particulièrement des moutons & des
agneaux, qu'ils font cuire d'une manière
affez fingulière.

Après avoir fait écorcher un mouton
ou un agneau, & retirer les inteftins,

ils le faupoudrent de fel & l'envelop-
pent dans fa même peau. Enfuite, ils
font un trou en terre proportionné à
l'animal qu'ils veulent faire cuire. Ils y
allument un grand feu; une heure après,
ils en retirent une partie de terre chaude,
& placent l'animal dans le trou fur
lequel ils jettent cette même terre chaude
& fept à huit pouces de froide, fur laquelle ils allument un très-grand feu,
jufqu'au moment où ils croyent leur
viande cuite.

Alors, ils la retirent du trou, en
jettant dehors la peau qui fert d'enveloppe. Ils reçoivent le jus de la viande
dans des gamelles; ils la mangent enfuite avec leur famille.

Je me rappelle qu'un jour, entraîné
par l'ardeur de la chaffe, fort loin de
l'endroit que j'habitois, égaré avec mes
deux jeunes négres-domeftiques, chargés de gibier, mourant de faim, &
très-fatigué, je rencontrai deux maures,
dont l'un étoit de ma connoiffance.

Chacun d'eux étoit chargé de deux gros poiſſons qu'ils portoient à leur habitation , que les français nommenr *gâdes*. Je leur demandai mon chemin , en leur marquant mon empreſſement de me rendre à mon bateau pour appaiſer la faim qui commençoit à me tourmenter. Ils me proposèrent de me repoſer dans le bois , & d'y manger un morceau de leurs poiſſons. Je regardai cette propoſition comme une plaiſanterie , puiſque ces poiſſons n'étoient pas cuits ; mais bientôt ils me donnèrent des preuves de la poſſibilité où ils étoient de me faire profiter de leurs offres obligeantes. L'un d'eux ſe mit à faire un trou en terre , l'autre battit le briquet , mes négres ramaſsèrent du bois ſec , & firent grand feu , comme il vient d'être expliqué ci-deſſus , pendant lequel temps , un de ces deux maures leva la peau de ces gros poiſſons depuis le ventre juſque ſur l'épine du dos , auquel il laiſſa la peau atta-

chée; enfuite, il les vuida, il les fau-
poudra de fel, remit la peau par-deffus, leur coupa la tête, & en boucha
le trou avec une poignée d'herbes pour
empêcher le jus d'en fortir. Ils les firent
cuire de la même manière que leurs
moutons, & puis ils me fervirent ce
mets fur des grandes feuilles de lata-
mier, & je trouvai cette manière de
faire cuire le poiffon excellente.

La feconde claffe des maures, moins
riches que ceux dont je viens de parler,
vit plus miférablement. Les uns dé-
layent & font fondre la gomme dans
du lait; d'autres font cuire un peu de
farine de millet préparé, que nous
nommons *coufeou*, & ils la mangent
avec un peu de beurre. Ils ne répu-
gnent même pas à manger des faute-
relles féchées, en y mettant du beurre.
Ils font encore grand cas des *dattes*;
mais les riches feuls peuvent s'en procurer facilement.

B 4

Je crois avoir aſſez parlé des maures, pour que cela ſerve d'introduction à l'hiſtoire principale des parties de la Nigritie connue.

DE LA NIGRITIE.

Nous avons dit que la rive gauche de la rivière du Sénégal étoit habitée par les maures arabes, & la rive droite par un peuple de négres d'un très-beau noir, nommé *Jolof*, fous la domination du roi d'*Hamet*, qui commence à la pointe de la rivière, à une ou deux lieues au-deffus de fon embouchure ; les peuples font fous la domination du roi Brack, qui gouverne le pays Doual, & qui fait fa demeure à trente-fix lieues ou environ du Sénégal. Ces peuples, quoique fous une domination différente, parlent la même langue, & ont les mêmes mœurs. Les rois de ces deux pays, étoient anciennement gouverneurs & fujets, fous un troifième roi, dont le pays eft fitué à-peu-près à cinquante

lieues du Sénégal , au haut d'un lac ;
nommé le lac *panier-foulles*. Ce fouverain fe nomme *Bouzba Jolof*, qui fignifie fouverain des deux pays. Ce nom
lui étoit donné avec plus grande raifon,
avant que le roi *Brack* & le roi d'*Hamet*, jadis fes fujets, euffent trouvé le
moyen de fe fouftraire à l'autorité légitime de leur maître, & de fe faire reconnoître rois du pays qu'ils gouvernent
aujourd'hui. Tout ce que j'écris, date
depuis 1740 , jufqu'à l'année 1752.
Tout cela fait que les peuples de ces
trois pays ont confervé la même langue,
les mêmes mœurs , & à-peu-près la
même religion.

Je commencerai par décrire le pays
de *Brack*, parce qu'il éft fitué en remontant la rivière du Sénégal, qu'il eft
effentiel de parcourir jufqu'à *Galam*; je
donnerai la defcription de fes mines
d'or, lorfque je ferai à cet article. Et
après avoir donné la relation de cette
rivière, pour ne point confondre les

pays, je reprendrai ma relation à la pointe de la rivière du Sénégal, où commence le pays du roi d'*Hamet*, pour fuivre enfuite toute la côte, jufqu'à celle d'*Angolle*, après laquelle on trouve un pays inhabité, le long des côtes, prefque jufqu'aux environs du cap de Bonne-Efpérance, ou de nouveaux peuples nommés *Hottentots*. Ils n'ont rien de commun avec l'hiftoire de la Nigritie.

Je reviens aux peuplades qui habitent près de la rivière du Sénégal. L'ifle qui porte ce nom, eft fituée, comme on l'a dit, à deux lieues de l'embouchure de ce fleuve; elle eft rentrée à la paix dernière, fous la domination françaife. Cette ifle a toujours été le chef-lieu de la conceffion, qui commençoit depuis le Cap-Blanc, jufqu'à *Séra-lionne.*

J'ai dit que la rive droite en remontant la rivière, appartenoit au roi Brack, jufqu'à la diftance de quarante à quarante-

cinq lieues environ du Sénégal. En
total, c'eft un petit pays affez pauvre,
qui, en partant des bords du fleuve,
s'étend peu dans les terres, & qui ne
s'eft anciennement foutenu que par la
bravoure de ce peuple; il eft aujour-
d'hui vexé par les maures, & ce qui
en eft caufe, c'eft le peu de foins qu'on
a mis à les protéger.

Les femmes font belles & bien faites,
d'une intelligence fingulière. Elles apprennent avec la plus grande facilité,
ainfi que celles du pays de *Cayor* & de
Bourba-Yolof. Cette aptitude à concevoir aifément, les fait eftimer de nos
habitans de l'Amérique, au point que
le petit nombre qu'on leur en porte, fe
vend 20 ou 30 piftoles au-deffus du
prix des femmes des autres contrées.
Elles font effectivement fi fufceptibles
d'inftruction, que peu de mois après
leur arrivée à nos ifles de l'Amérique,
elles favent coudre, parler français &
fervir comme nos domeftiques euro-

péens; aussi les dames créoles ne manquent pas d'en faire leurs femmes-de-
chambre. Quant aux hommes, ils sont
plus propres à la chasse & à la pêche,
qu'à toute autre chose.

Il se fait ordinairement très-peu de
captifs dans ce pays, non-seulement
parce qu'il a peu d'étendue & qu'il est
médiocrement peuplé ; mais encore
parce que le chef n'oseroit faire ouvertement des enlevemens de ses sujets,
sans risquer de révolter son pays. Il n'a
donc de revenu que quelques légers
tributs que lui payent annuellement les
villages. Joignez-y ce que les français
ont coutume de lui payer, & quelques
présens qui lui sont faits dans le courant de l'année. Cela lui sert à entretenir une très-petite & très-misérable
suite, qui est si familière avec lui,
que souvent l'un d'eux lui retire de la
main un verre d'eau-de-vie pour en
boire la moitié.

Par ce récit, il est aisé de juger que ce pays n'est pas fort riche. Cependant, ses habitans se nourrissent assez bien.

Manière dont les négres Yolof, sujets du roi Brack, cultivent la terre.

LES terres n'ont point de propriétaire absolument fixe. Chacun prend du terrein ce qu'il veut en employer, mais toujours le plus proche qu'il peut de sa case ; si toutefois ce terrein n'est point occupé. Les plus laborieux ensemencent des grains, non-seulement pour leur propre consommation, mais encore pour en vendre aux blancs, & aux gens du pays qui en ont besoin. Leur principale récolte est celle du gros & petit *millet*, & celle du *maïs*, ou bled de Turquie.

Leur manière de préparer la terre ne les oblige pas à un grand travail. Un mois avant la saison des pluies, qui commencent à la fin d'avril ou au commencement de mai, ils mettent le feu dans la campagne, aux pailles restées de l'année précédente. Ayant féché au soleil ardent, elles brûlent très-promptement , & laiffent après avoir été brûlées, une cendre fur la terre, très-propre à la fumer. Les pluies viennent enfuite, alors tous les négres , les négreffes & les enfans, fortent de leurs cafes. L'homme avec une efpèce de petite pioche, ouvre d'un feul coup un petit trou dans la terre , une femme derrière lui avec une pague autour d'elle, en forme de tablier , remplie de grains, en prend dans fa main, qu'elle laiffe tomber dans le trou qui vient d'être ouvert devant elle ; & derrière cette femme , eft un négrillon ou une négrette, qui recouvre de terre avec le pied, le grain qui vient d'être verfé.

C'eft ainfi que ces trois perfonnes marchant toujours en avant, enfemencent leurs terres d'un vîteffe étonnante. Comme les haricots rouges viennent très-bien chez eux, fouvent ils en sèment de la même manière dans les intervalles

de

de leur *maïs*, qu'on nomme en France bled de turquie. Lorsqu'ils coupent les récoltes de ce grain , au bout de soixante ou soixante-dix jours, les haricots se trouvent en fleurs, alors dégagés du maïs qui les étouffoit ; cette nouvelle production mûrit à son tour, & un mois après, ils en font la récolte.

Le travail d'ensemencer leurs terres n'est pas celui qui doit leur coûter le plus ; il est question pour eux de préserver cette récolte, chacun pour le canton qu'ils occupent , des ravages que peuvent faire les oiseaux, les éléphans, les sangliers & les singes, Pour s'en garantir autant qu'ils le peuvent, lorsque le grain veut entrer dans sa maturité, ils sont obligés d'élever plusieurs petites plates-formes de piquets attachés les uns aux autres , de la hauteur d'environ six pieds, placés à différentes distances dans toute l'étendue de la pièce de terre ensemencée, nommée *lougans.*

C

Ils font monter fur ces élévations des femmes & des enfans, & chaque fois qu'il paroît un nuage d'oifeaux prêts à tomber principalement fur le gros mil qui pouffe en grappe, ils s'efforcent de faire des cris auffi perçants que fi on les égorgeoit. La nuée d'oifeaux s'effraye & fuit pour aller fe repofer à deux cens pas plus loin, ou dans une autre pièce de terre enfemencée, où elle eft reçue par d'autres crieurs, comme la première fois ; on tire quelquefois des coups de fufil pour les effrayer davantage ; ces oifeaux volent de pièce en pièce, fans favoir où fe percher. C'eft un fpectacle très-amufant d'en voir une fi grande quantité raffemblés ; mais comme ils s'accoutument peu à peu à ces cris, ils s'en effrayent moins à la longue, & attrapent toujours quelques béquetées de grain en paffant.

Dans les endroits où ces oifeaux font en trop grande abondance, les négres

font obligés d'avoir la patience d'envelopper chaque grappe de mil, d'une
poignée de paille froiſſée, pour empêcher leur récolte d'être dévorée. Ces
oiſeaux ne ſont pas les plus grands ennemis qu'ils ayent à craindre ; les ſan-
gliers & encore plus les éléphans, leur
cauſent dans une ſeule nuit, un dégât
qu'on auroit peine à croire. Trois ou
quatre de ces animaux tombent de nuit
dans un vaſte champ prêt à être récolté,
& n'y laiſſent preſque rien ; tant par la
quantité énorme qu'ils mangent de
grains, que par ce qu'ils en écraſent avec
leurs larges pieds, dont l'empreinte a
ſouvent plus de quatre pieds de circonférence.

Le ſeul moyen de ſe garantir de ces
animaux, moyen ſouvent infructueux
en partie, eſt d'allumer des feux la nuit
autour de leurs pièces de terre prêtes à
être récoltées. Encore faut-il que ces
terres ſoient peu éloignées des bois,

pour se procurer de quoi faire le feu dont ils ont besoin.

Enfin, malgré les risques que certaines pièces de terres ont à courir, les négres de cette nation récoltent beaucoup de grains. Ils en receuilleroient bien davantage encore, s'ils étoient moins paresseux. Ceux qui le font plus, ne travaillent exactement que pour leur propre consommation de l'année, souvent même la récolte qu'ils font, est insuffisante. Ceux au contraire qui sont laborieux, ensemencent autant de terre qu'ils le peuvent, & vendent aux blancs du Sénégal, tout ce qu'ils ont au - delà de leur consommation annuelle. Du produit de cette vente, ils s'en procurent les marchandises qu'ils convoitent le plus, comme du fer plat, en barre, eau-de-vie, toile de coton bleu, autrement *salem pourie*, bassins de cuivre, couteaux flamands & verroteries pour leurs femmes.

*Manière dont les négres du pays Doual,
dont il vient d'être parlé, ainsi que
ceux du pays de Cayor & du royaume
des Foulles se nourrissent, & la manière
dont ils apprêtent leur nourriture.*

La principale nourriture des négres yotof est celle qu'ils nomment raquéré, & que les français du Sénégal nomment couseou. Sans ce mêts, ces peuples croiroient n'avoir point dîné, quelque bonne chose qu'on leur servît à la place.

On auroit peine à s'imaginer le travail qu'exige la préparation de cet aliment, qui paroît si simple à la vue & au goût. Voici comme il se prépare.

D'abord, dans un mortier de bois profond de quinze à dix-huit pouces, avec un pilon de cinq pieds de long, grossi par les deux bouts, une femme pile la quantité de gros ou de petit mil qui lui eſt néceſſaire pour nourrir ſon monde. Lorſque ce grain eſt concaſſé, elle ſépare le ſon d'avec la farine, de la manière ſuivante ; elle met à terre un panier ou un morceau d'étoffe pour recevoir le ſon ; elle prend à pluſieurs fois ſur un couvercle de panier une portion du grain qui a été broyé ; alors elle incline le couvercle du panier doucement, elle verſe de ſa hauteur le grain au-deſ-ſus du morceau d'étoffe qu'elle a mis à terre, toujours expoſée au vent ; il emporte le ſon à deux ou trois pieds, & la farine plus peſante tombe preſque d'à-plomb dans le morceau d'étoffe que cette femme a mis à terre. Ce travail réitéré deux fois, le ſon ſe trouve abſolument ſéparé de la farine ; c'eſt une eſpèce de *vanage*. La femme ramaſſe enſuite ſa fa-rine, la met dans une grande gamelle de bois très-propre, aſſez-bien travail-lée ; elle allume du feu entre trois pierres, qui lui ſervent de trépied ; elle y pôfe un pot de terre rempli d'eau, dans lequel elle fait cuire, foit un morceau de viande, foit une volaille, ou une poule pintade, ou enfin du poiffon frais ou fec, fuivant les facultés de fon maître. Pendant que la cuiffon fe fait, la cuifinière revient à fa gamelle de farine, fur laquelle elle verfe un peu d'eau ; après quoi elle broye cette farine à tours de bras très-long-temps, & jufqu'à ce que bien broyée elle prenne la forme de graine de moutarde. Elle met alors cette préparation dans un autre pot de terre, percé de petits trous dans le fond ; elle met ce pot par-deffus celui dans lequel fe fait le bouillon de viande, ou de poiffon, de manière que c'eft la vapeur du bouillon qui cuit la farine mife dans ce fecond pot. On doit regarder cette cuiffon faite comme au *bain-mary*. Elle eft verfée toute chaude dans une gamelle bien propre, la cuifinière verfe par-deffus cette farine le bouillon de fon premier pot, le couvre un quart-d'heure pour faire gonfler fa préparation, & met dans une autre gamelle la viande ou poiffon qui a fervi à faire le bouillon ; elle préfente ces deux gamelles aux convives, qui viennent fe placer à terre, en rond, fur des nattes, autour de ce qui eft fervi.

Une ou deux négreffes leur préfentent des *couys*, qui font la moitié d'une *calbaffe* coupée en deux, remplie d'eau claire, avec laquelle chacun fe lave la bouche avant de manger, & enfuite la main droite, qui eft la feule dont ils fe fervent pour les chofes qui exigent la propreté. Ils mangent avec cette même main, ne connoiffant pas l'ufage des cuillers. Après s'être raffafiés, on préfente une feconde fois de l'eau aux convives, pour fe laver la bouche & la main. A la fuite du repas, on fert un pot de vin de *palme*, dans les endroits où il y a des palmiers, ou du pitot dans les lieux où ils manquent. Cet e dernière boisson est une espèce de bière faite avec du maïs bouilli & fermenté, dans laquelle on ajoute un fruit qui l'adoucit.

Quant au vin de *palme* (il y en a de plusieurs espèces;) il se tire du haut de l'arbre nommé *palmister*. Les négres y montent, avec une ceinture autour du corps, & très-lestement, font une saignée dans le tronc de l'arbre; ils y font entrer une feuille ployée en forme de goutière, par où dégoute le vin de palme, dans un pot de dix à douze pintes qu'il place dessous. Ce pot se trouve presque toujours rempli dans les vingt - quatre heures; ils le vont chercher plein, & le descendent comme ils l'ont monté vuide. C'est de ce vin qu'ils boivent à la fin du repas, avec lequel souvent ils s'enivrent, quand cette liqueur a été gardée deux ou trois jours.

Cependant chacun fume sa pipe, fait la conversation & rapporte les anecdotes du jour. C'est ainsi que se fait le repas principal des négres , qui sont assez riches pour cela.

Quant au déjeûner , il exige moins d'apprêts. On fait cuire tout simplement la farine de *mil* ou *maillé* , dans de l'eau qu'on verse dans une gamelle. L'on y jette du beurre qui fond aussi-tôt , & après l'avoir broyé dans la pâte , on verse du lait aigre ou doux , avec le jus du fruit d'un arbre nommé calbasie , qui produit un aigrelet très-agréable au goût. Ce déjeûner se nomme en français *sanglet* , & en négre *laclalot*.

Le souper est quelquefois tel que le dîner ; & quelquefois tel que le déjeûner , suivant l'opulence de l'habitant.

De la langue des peuples Yolof.

LEUR langue est une des plus jolies de la Nigritie. Dans bien des occasions, elle perdroit d'être rendue en français. Quand les négres se rencontrent, ils se saluent en se prenant la main ; ils ont trois mots qui distinguent le bonjour du matin, celui de l'après-midi & celui du soir. Le matin ils disent : *Déraguéo, jâmeça, sabaye quiam sendeille , saguiabaze sa dome guiam.* Ce qui signifie : bonjour ; comment te portes-tu ! Ton père, ta mère, ta femme, tes enfans se portent-ils bien ? L'après - midi , avec le même compliment, au lieu du mot *déraguéo*, qui signifie bonjour du matin, ils y substituent celui de *deraguendo*, qui est le bonjour de l'après-midi ; & pour le soir, celui de *deraguenqu'oo.*

Leurs expressions dans leurs ébats

amoureux, font d'une énergie & d'une force que notre langue ne pourroit rendre, & comme la décence pourroit être bleffée même dans les périphrafes dont on pourroit fe fervir pour les adoucir, on croit devoir fe difpenfer d'en donner des exemples.

La plus grande injure que ces peuples puiffent fe dire, c'eft de nommer par leur nom les parties naturelles de leur père & mère, & grand-père, & gand'-mère, dont la mémoire leur eft infiniment refpectable; & lorfqu'ils en font venus au point de s'injurier de cette manière, il eft fort rare que la difpute fe termine fans qu'il y ait du fang de répandu, & les agreffeurs font obligés de payer ce fang au roi du pays.

Vêtemens des hommes & des femmes.

LORSQUE les hommes fortent de chez eux, ils portent une culotte large à grands plis, & fur le corps, ils ont une efpèce de robe coupée en chafuble, avec de grandes manches pliffées. Ils font fans manches quand ils vont à la guerre. Par-deffus cette robe, ils fe ceignent le corps d'un *gargouffier*, dans lequel ils placent douze à quinze cartouches; mais lorfqu'ils ne fortent point, & pour être plus à leur aife, ils fe contentent d'une pague de coton fabriquée chez eux, & d'environ une aune & demie ou deux aunes. Quelquefois même, ils fe couvrent le corps d'une feconde pague, de même grandeur, dont ils relèvent le bout fur l'épaule gauche.

Les femmes font plus recherchées dans leur parure, & ont, comme partout ailleurs, leur efpèce de coquetterie. Leur premier ornement caché, eft autour des reins ; ce font dix à douze rangs de vérotteries les plus fines qu'elles puiffent fe procurer, ce qui forme un cliquetis en marchant. Lorfqu'elles en ont beaucoup, elles annoncent ainfi aux amateurs un ornement caché. Ceux qui font à découvert, font une paire de chaînes d'argent ou d'or à chacun des pieds, fous lefquels elles portent des fandalles ; & à chaque main, une paire de *meuilles* d'or, fuivant leur opulence, en forme de bracelets. Des boucles d'or aux oreilles, les plus fortes qu'elles peuvent avoir, & foutenues par un fil fur la tête, pour ne fe point déchirer les oreilles. Le deffus de la tête eft rafé, le chignon derrière frifé par petites boucles roulées avec de gros brins de paille, de la longueur de deux ou trois pouces; & autour de la tête, sur le dessus, un petit fichu de soie ou de toile fine, roulé en forme de couronne.

Les jeunes filles des chefs, qui ne sont pas mariées, depuis douze ans jusqu'à seize, portent un dac. Ce dac est composé de pierres de corail les plus grosses qu'elles peuvent avoir, & des *mortandes* d'or ou d'argent entremêlés, de la grosseur d'une noisette, le tout enfilé d'un gros fil de coton. Ce dac se passe par le col & se place sur les épaules de la jeune négresse ; il retombe par-devant sous le sein, en se croisant ainsi que par-derrière. Satisfaite de cet ornement, elle ne se couvre que d'un seul petit morceau d'étoffe passé autour des reins ; il tombe jusqu'à mi-jambe, & le reste du corps est nud, pour n'en point cacher la beauté, & les joyaux dont elles cherchent à l'orner.

C'eſt ainſi vêtues , que les jeunes créoles du Sénégal viennent ſervir leurs maîtreſſes à table , lorſqu'elles ſont invitées les jours de feſtins, à venir manger à la table des blancs.

Manière des enterremens négres de toute la rivière.

Lorsqu'un homme ou une femme meurt, on cherche d'abord ceux destinés à faire les pleurs. Ce sont des femmes louées qui, le plus souvent, ne connoissent pas le défunt. Celles qui dans cet emploi marquent par leurs cris & leurs lamentations, le plus de douleur, sont les mieux, elles sont à la tête du convoi & de la famille : lorsque le défunt est conduit pour être mis en terre, la cérémonie achevée, ces femmes reviennent en faisant des hurlemens à la porte de la case, & en présence de la femme qui vient de perdre son mari. Elles n'interrompent leurs pleurs & leurs cris, que pour faire l'éloge du défunt, & celui de la veúve ; après quoi, elles entrent dans la case, recevoir les complimens de la famille & des affiſtans, de ce qu'elles ont bien joué leur rôle, & elles boivent autant d'eau-de-vie qu'on veut bien leur en donner. Ces pleurs durent au moins huit jours, pendant leſquels elles ſe rendent chaque jour au ſoleil levant & au ſoleil couchant, autour du tombeau du défunt, où elles recommencent leurs lamentations, diſant au défunt : pourquoi es-tu mort. N'avois-tu pas des femmes, un cheval, des pipes & du tabac? Et cela finit toujours par venir recevoir leur paiement.

Pendant les huit jours que dure cette comédie, les parens de la femme veuve & toutes ſes amies, s'emparent d'elle, ne la quittent pas d'un moment, c'eſt pour faire diverſion à ſa douleur. Chacun fait apporter ſon plat d'heures en heures, avec du vin de palme, de l'eau-de-vie, chacun mange & boit, & recommence à l'arrivée d'un autre plat des convives.

Du royaume des Foulles.

LE pays des Foulles commence immédiatement après celui du roi *Donât*, dont il vient d'être parlé. Il a beaucoup plus d'étendue que ce dernier, puisqu'il confine dans le haut de la rivière *des deux rives*, jufques près de Galam; il eft auffi beaucoup plus grand que celui du roi *Brack. Siratique-Conco* en eft le fouverain. Ce pays étoit autrefois fi peuplé, que fans effort il auroit été facile à ce roi de tenir les maures dans une entière dépendance, & de les affujettir à lui payer un tribut; mais cette nation molle, fans vigueur & fans courage, s'eft toujours laiffée battre par des forces très-inférieures.

Toujours pillés & emmenés en captivité, le nombre de ces peuples a confidérablement diminué. Il eft réduit dans une espèce de dépendance sous les maures.

Ces négres sont beaucoup moins noirs que ceux du bord de la rivière. Ils sont presque rougeâtres, quoiqu'ils habitent un pays plus chaud que celui du bord de la rivière, & quoiqu'ils soient alimentés de la même nourriture que ces derniers.

J'ose présenter ici, au lecteur, les réfléxions suivantes, sur la cause des différentes couleurs des hommes qui habitent le globe. Ces réfléxions, je les ai déjà fait insérer dans le mercure de France, en 1786, & je les rapporterai sans y rie n changer.

Réflexions sur la cause & la différence des couleurs des hommes qui habitent notre globe.

Il y a des auteurs très-savans, qui ont avancé comme une chose certaine, que les différentes couleurs des hommes qui habitent le globe proviennent de la qualité de la nourriture & de la chaleur du climat ; mais par les réflexions suivantes, cette opinion ne paroît pas difficile à détruire.

Le pays qu'habitent les négres en Afrique commence au Niger, ou rivière du Sénégal, située par les 15 degrés nord. La rive gauche est habitée par des maures arabes, & la rive droite par une nation négre, naturelle du pays, nommée *yolof.* Ce peuple est du plus beau noir que je connoisse. Les maures, au contraire, qu'on soupçonne avoir été jadis chaffés des Efpagnes , font de la couleur des *algériens* , *faletins* , *tuni-fiens* , &c. c'eft-à-dire , un peu plus bazannés que les européens. Cependant ils habitent ce pays depuis près de deux cens ans , & peut-être plus ; ils n'ont pas noirci , ni changé de couleur.

En montant dans cette même rivière du Sénégal , & à environ foixante lieues de fon embouchure , on trouve une autre nation , naturelle au pays , nommée les *foulles*. Elle eft rougeâtre , & prefque de la même couleur que les caraïbes de Saint-Vincent en Amérique ; cependant , il fait plus chaud chez les *foulles* , & à Saint-Vincent , que chez les *yolofs* , qui font les hommes de l'Afrique qui ont la peau la plus noire. Ils fe nourriffent pourtant des mêmes alimens que les foulles, dont la nourriture confifte en farine de millet , de bled de Turquie préparé , du poiffon , des poules , du bœuf & du laitage. Ainfi , ce n'eft ni à la chaleur du climat , ni à la nourriture qu'il faut attribuer la noirceur de cette espèce d'hommes, & les observations suivantes en seront de nouvelles preuves.

Gorée, & la terre ferme qui est par son travers, & qui n'en est éloignée que de trois quarts de lieue, sont situés par les 14 degrés 14 minutes de latitude nord. Les peuples qui habitent ce pays sont encore des *yolofs*, très-noirs, sous la domination du roi d'*Hamet*. Par cette même latitude est située l'isle de la Martinique, où il fait aussi chaud qu'aux environs de Gorée & du Sénégal. Les blancs créoles y sont cependant établis depuis près de cent cinquante ans ; ils n'ont pas dégénéré, puisqu'ils ont le même teint que les européens. Les noirs qu'on y a fait passer de l'Afrique n'ont pas éprouvé de variation, même dans leurs descendans nés dans l'isle, & cela pendant plusieurs générations, puisqu'ils ont tous la même couleur que leurs peres.

D 4

Les naturels de l'ifle, qui ont le teint couleur de cuivre, les cheveux longs comme les fauvages de Saint-Vincent, n'ont pas éprouvé non plus de changement dans leur couleur. Voilà trois efpeces fur le même fol, qui ont une nourriture commune, & qui ont refté conftamment les mêmes.

Depuis la côte de Guinée jufqu'à la côte d'Angolle, où les portugais ont des établiffemens, ils ont confervé leur couleur fans variation. Si de la côte d'Angolle, on paffe en Amérique, par la même latitude, on y trouve les mêmes portugais, épars dans différentes villes, occupés à la culture des terres, des mines d'or, & autres travaux, qui les expofent en plein jour à la rigueur des plus grandes chaleurs; & ils n'ont pas dégénéré, & ils font toujours femblables aux portugais européens.

L'auteur des recherches philofophiques fur les américains, pour donner plus de poids à fon opinion, a avancé dans ſon livre , que dans différens endroits de la côte d'Afrique on trouvoit des portugais qui étoient abſolument devenus négres. Comme il n'a pas vu le fait par lui-même , & qu'il a écrit ſur les mémoires qu'on lui a donnés , nous nous permettrons de lui dire qu'on l'a trompé, quoiqu'il ſoit très-vrai qu'il y a quelques négres portugais à cette côte , particuliérement au Biſſeau : mais la vérité eſt qu'ils proviennent tous de quelques captifs affranchis que les portugais ont laiſſés dans ce pays, lorſqu'ils y avoient des comptoirs. De manière que cette ſorte de négres eſt en ſi petit nombre,qu'on pourroit les compter dans deux ou trois petits villages ; ils ont conſervé la langue de leurs anciens maîtres , ainſi que la religion chrétienne , qu'ils ont entiérement défigurée.

On trouve dans les différens établiſſemens européens quelques-uns de ces négres affranchis , qui s'étant unis à des mulâtres ou à des métis , ont eu des enfans participant plus ou moins des deux couleurs , quelquefois tenant plus du père , & quelquefois plus de la mère ; mais ce n'eft plus un phénomème, c'eft une marche conftante dans la nature, & ces productions tiennent toujours du germe qui apporte ces différens mélanges.

Les Indes orientales font habitées par cinq à fix peuples différens. Les uns font auffi noirs que les négres les plus noirs d'Afrique ; d'autres avec des cheveux longs, tels que les lafcans, font de couleur de cuivre plus ou moins foncée ; d'autre fimplement bazanés, comme les arabes, & d'autres enfin prefque blancs, & fouvent par les mêmes latitudes, fous la même chaleur, & fe nourriffant des mêmes alimens.

Il femble donc que d'après ces obfertions , on ne peut pas attribuer la caufe de la noirceur des négres à la chaleur, ni à la nourriture ; que c'eft un fecret de la nature , & que l'envie de tout expliquer a fait établir un fyftême que les obfervations précédentes détruifent entièrement.

Si la religion ne nous apprenoit pas indubitablement que nous defcendons d'un feul homme, on croiroit volontiers que, de même que des chiens & des perroquets, Dieu a créé en même-temps plufieurs efpèces d'hommes.

Des négres blancs.

IL n'y a point de négres blancs rassemblés en corps de nation. Le peu qu'on en trouve à la côte de Guinée est en si petit nombre, que ceux qui ont séjourné long-temps dans ces contrées n'ont connu que deux ou trois endroits où ils ont eu connoissance de cette bizarrerie de la nature, au *Bisseau* & dans le haut du pays de *Galam*, où un père & une mère très-noirs avoient eu ensemble quatre à cinq enfans blancs vivans. On nous en a envoyé un de Galam au Sénégal, qui vivoit encore en 1750, & qu'on a occupé avec les ouvriers charpentiers. Ce négre blanc, comme tous ceux de sa sorte, étoit très-hideux. La peau d'un blanc de plâtre, blassarde & fort rude, les yeux troubles, les cheveux en laine, presque rougeâtre, & au

total, fort laid. Cet homme étoit d'ailleurs dans une espèce de stupidité, quoiqu'il fût parvenu à parler un peu français, & à travailler de son métier.

Je reviens présentement à la description du pays des foulles. Ces peuples
parlent une langue très - douce, très-
facile à prononcer; mais moins précise,
& moins énergique que celle des *yolofs.*
Le pays est beau & excellent , on en
tireroit beaucoup d'avantages , s'il étoit
plus peuplé & mieux cultivé.

L'indigo , le coton y viennent naturellement en abondance sans la moindre
culture , ainsi que dans le pays du roi
Brack : les négres en font usage pour leur
besoin, lorsqu'ils veulent teindre leurs
pagnes en bleu clair, ou bleu de roi ;
ils ne font autre chose qu'aller couper
dans les champs ce qu'ils en ont besoin ;
ils la hachent menu & mettent cette
plante pourir dans un pot avec de l'eau ;
ensuite ils la retirent , la paîtrissent
en grosses boules , qu'ils font sécher

plusieurs jours pour s'en servir au besoin.

Alors ils mettent ces mêmes boules bouillies dans de l'eau, & y laissent tremper leurs pagnes plusieurs jours, & à plusieurs reprises suivant la teinte plus ou moins foncée qu'ils veulent donner à ce coton, ou à l'étoffe ; ensuite il les font sécher.

Quant au coton , ils n'ont que la peine de l'aller ramasser dans les champs où il vient tout naturellement. Les femmes le filent & les hommes en font des pagnes , & ils font commerce du superflu ainsi que de la récolte de leurs grains. De plus, ils cultivent une grande quantité de tabac. Ce tabac est d'une qualité supérieure à tous ceux que j'ai connus ; néanmoins, comme ils n'en usent point en poudre, ils ne font point dans l'usage d'en faire des carottes ; ils le préparent seulement pour être fumé ; en brûlant dans la pipe , il répand une odeu raussi agréable que les autres tabacs en répandent souvent une désagréable.

Aussi les hommes & les femmes, & mêmes les enfans, fument-ils du matin au soir.

Sa culture est très-simple. La voici : les négres *foulles* qui demeurent dans tous les villages, situés peu éloignés du bord de la rivière, sèment aux premières pluies de mai, autour de leur case, beaucoup de graines de tabac; & à la fin de novembre, lorsque les eaux de la rivière se sont retirées, elles laissent sur les bords un limon très-gras, qui reste humide long-temps après. Alors ils viennent transplanter dans ce limon ce qui est levé de tabac, qui prend très-vîte & pousse avec vivacité; enfin, lorsqu'ils le croyent suffisamment mûr, ils le coupent & l'emportent dans leurs cases, pour l'y faire sécher, & le mettre ensuite dans des *toutons* ou sacs de cuir, dans lesquels ils le vendent.

Ce pays est rempli d'une quantité prodigieuse d'animaux sauvages & carnassiers, de toutes les espèces, & de plufieurs même inconnus ailleurs. Les plus nombreux, font les éléphans, les lions, les tigres, les chats-tigres, les ânes fauvages, &c. On rencontre les éléphans par bande de quinze ou vingt enfemble, particulièrement le foir & le matin, lorfqu'ils viennent boire & fe baigner dans la rivière. La rencontre de ces animaux, dans les chemins, n'eft pas dangereufe lorfqu'on ne les attaque pas; à moins qu'on n'ait le malheur de fe trouver au débouché d'un bois très-près d'une femelle qui a fon petit; alors, il eft très-rare qu'elle ne vienne pas fur l'homme ou la femme qu'elle apperçoit; elle l'enveloppe de fa trompe, & le ferrant, le jette en l'air. Il retombe à terre mort, plus pour avoir été étouffé par le ferrement de fa trompe, que par la chûte.

Un matin, à la pointe du jour, j'ai vu une femme venir puifer de l'eau à la rivière, dans un endroit un peu ef- carpé; où elle trouva malheureufement

pour

pour elle , un éléphant femelle avec
fon petit. Auffi-tôt que cet animal la
vit, elle l'entoura de fa trompe, & la
fit fauter en l'air de cette manière, à
cent cinquante pas du bateau où j'é-
tois.

Ces animaux, dans ce pays-là, ne
font point élévés à la domefticité. Le
roi & quelques grands du pays, les
chaffent quelquefois, mais affez rarement. C'eft ce qui fait qu'on en voit
une auffi grande quantité. Je me fuis
trouvé une feule fois à une de ces
chaffes. Elles fe font de la manière fuivante.

Le roi ou un grand du pays commande cent cinquante ou deux cens
hommes, fouvent plus , avec lefquels
il fait battre un bois. La plus grande
partie de ces chaffeurs , eft armée de
plufieurs *faguayes*, qui font faites prefque comme nos *efpontons ;* mais le fer
qui eft au bout, eft cependant beaucoup
plus large & plus coupant. Le refte des

E

chasseurs porte des fusils, & quelques-
uns, des espèces de petites haches d'armes. Ainsi armés, ils entourent une
portion de bois où l'on sait que les éléphans se retirent, on marche en avant
en formant un rond, où ces animaux
se trouvent entourés de tous les chasseurs, ainsi que les biches & vaches
brunes qui s'y rencontrent. Quand on
se trouve à portée de ces bêtes, les
chasseurs lancent avec force une de
leurs saguayes, qui, malgré la dureté
de leur cuir, leur entre très - souvent
assez avant dans le corps. Alors, si l'a-
nimal blessé entre en fureur, les piétons
se retirent derrière les chevaux, d'où
les cavaliers qui sont en rond, leur
lancent de nouvelles *saguayes*, & même
des coups de fusil dans la trompe &
dans le sabot. Ils ne manquent guères
d'achever de tuer l'animal. Lorsqu'il
tombe à terre percé de coups, les
chasseurs armés de haches, viennent
le couper en morceaux. Les dents ou

défenses, en sont présentées au chef de
la chasse, & la chair ainsi coupée par
morceaux, est distribuée & partagée
entre les chasseurs. Chacun emporte sa
portion, avec laquelle il fait un très-
bon repas. Lorsque l'éléphant n'est pas
vieux, sa viande ressemble exactement
à celle du bœuf, & en a le même goût;
mais lorsque ces animaux sont vieux,
leur viande est fort dure.

Ce qu'on nomme ordinairement dent
d'éléphant, ce ne sont pas précisément
ses dents qui pésent jusqu'à deux cens liv.
chacune. Du tems de l'ancienne compagnie des Indes, on les achetoit 30 liv.
le quintal, payé en marchandises, qui,
ainsi ne revenoient pas, (argent de France) à plus de 18 liv. le quintal. On nomme dans ce pays escarbile, ses deux
dents, qui sont au-dessous de 50 liv.
pesant, & de cette qualité, il ne se
payoit que 15 livres le quintal; mais le
prix du tarif de cette marchandise, doit
ensuite avoir bien augmenté par la con-

currence des anglais , qui ont traité long-temps dans cette rivière , & qui ont fait tomber les avantages de tout commerce fur ces côtes.

On ne fait guères de ces grandes chaffes , qu'il n'y foit tué beaucoup d'autre gibier : tels que la biche, la vache brune , l'autruche volante, les pintades , les perdrix, les lapins , les poules de bois , dont ce pays eft très-fourni , parce qu'on y chaffe très-rarement.

Mais il eft des animaux qui ne font pas fi agréables, ce font des lions, des tigres & des fangliers; ils font en telle quantité , que fouvent il n'eft pas poffible de les éviter. Le lion, quoiqu'un peu moins dangereux que le tigre, l'eft cependant beaucoup. Lorfqu'il n'eft point affamé, il vous laiffe paffer fans vous attaquer ; mais lorfqu'il a faim, auffi-tôt qu'il vous apperçoit , il vous coupe le chemin à quatre-vingt ou cent pas plus loin; il s'accroupit à terre, &

faute fur vous à votre paffage près de
de lui. Si on prévoit fon embufcade,
cela donne quelquefois à l'homme en
danger, le tems de préparer fes armes,
s'il en a, pour fe défendre; mais il n'en
eft pas de même du tigre, qui fouvent,
fans que vous l'apperceviez, vous faute
de très-loin au chignon du col, & dé-
vore fon homme, à moins qu'il n'ait
la force & le courage d'un négre qui
m'a fervi dans fa jeuneffe. Un jour il
fut attaqué à quelque diftance du bord
de la rivière & de fon bateau, par un
tigre. Le négre étoit nud & fans armes;
néanmoins il eut le courage d'empoi-
gner fon ennemi des deux mains par le
col; pendant cette lutte, l'animal lui
déchiroit avec fes griffes la chair de
deffus le dos, fans que les douleurs lui
fiffent lâcher prife, de manière qu'il par-
vint à étouffer l'animal, avant qu'il reçût
le fecours d'un bateau, que fes cris avoient
attirés. On le trouva baigné dans fon
fang, & le tigre mort à fes côtés.

E 3

Il fut porté en cet état à bord de son bateau, & pansé le mieux qu'il fut possible. Ce courageux négre fut plus d'un an à guérir de ses plaies. Ses amis, pour le consoler, lui donnoient de temps en temps des espèces de bals, qu'on nomme folgard, dans lesquels on danse, on chante & on boit force vin de palme, & de l'eau-de-vie. Dans les chants, il étoit toujours question de la victoire du courageux négre ; les mieux inspirés composoient à l'impromptu ces chansons, où les hyperboles ne manquoient jamais. Enfin, ce même négre fut encore attaqué cinq ou six ans après, par un lion, qu'il étouffa de la même manière. Il reçut presque les mêmes blessures, mais il s'est guéri plus facilement.

Malgré tout cela le tigre a la peau si tendre qu'on le tue d'un coup de fusil, avec du gros plomb à canard. J'ai vu à Joûal, un jeune enfant de huit ans, en tuer un, à la pointe du jour, d'un coup de flèche, près de la case où je dor-

mois. Le chant des louanges que la moitié du village lui donna auffi-tôt , me
réveilla , & me rendit témoin de fa
victoire. La peau de cet animal me fut
préfentée , & je l'ai rapportée en
France.

Nous avons encore dans le *Niger*
deux fortes d'animaux amphibies. Le
plus dangereux, c'eft le *cayman*, ou le
crocodile. Les gens du pays , maures ou
négres , font obligés de prendre les plus
grandes précautions pour n'en être pas
dévorés, ainfi que leurs beftiaux. Lorfqu'ils veulent paffer la rivière d'un bord
à l'autre, ils ont grand foin, avant d'entreprendre le paffage, de mettre à l'eau
tout ce qu'ils ont de canots, de deffus
lefquels ils tirent des coups de fufil, &
font du bruit, & des cris le plus qu'ils
peuvent, afin d'éloigner ces animaux
voraces. Enfuite, ils font paffer leurs
troupeaux à la nage, ainfi que les hommes, les femmes & les enfans. Le cha-

meau eſt le ſeul qui ne nage point. Pour lui faire paſſer la rivière, il faut qu'il ſoit le long d'une pirogue, & que l'homme qui eſt dedans lui ſoutienne la tête hors de l'eau, par une eſpèce de bride, afin qu'il ne ſe noie pas. De cette manière, la pirogue l'entraîne à terre ſans ac-cident.

L'éléphant, au contraire, trois ou quatre fois plus gros & plus peſant que le chameau, nage comme un poiſſon. Quelles que ſoient les précautions des maures & des négres, pour ſe garantir de la voracité des *crocodiles* ou *caymans*, il arrive quelquefois des accidens cruels. J'ai vu, au Sénégal, un ſoldat, perru-quier, qui, en montant en Gallam, fut dévoré à dix pas de ſon bateau, à la vue de tout le monde. Ce malheureux homme étoit à terre, il ſe lavoit les mains au bord de l'eau ; un cayman vint lui happer les mains, le fit tomber la face dans l'eau, & dans le même inſ-tant il l'entraîna au fond de la rivière ;

il fut impoſſible de lui donner le moindre ſecours.

L'autre eſpèce d'animal amphibie,
commun dans cette rivière, eſt le cheval
marin. Il eſt beaucoup plus gros que le
cheval domeſtique ; il en a le henniſſe-
ment, mais d'ailleurs il lui reſſemble
peu. Il vient paître à terre, & au moindre bruit il ſe jette à l'eau. Cet animal
n'eſt point vorace, quoiqu'il y ait quelques exemples qu'il a tué des enfans.
Ses défenſes ſont d'un ivoire beaucoup
plus beau & plus dur que celui de l'é-
léphant.

On trouve encore dans le bas de
cette rivière un autre animal amphibie,
qu'on nomme *lamantin*, dont la femelle
alaite ſes petits. A quelques égards, il
eſt de la forme du lézard, quoiqu'il
peſe quelquefois juſqu'à deux cens livres. C'eſt un manger excellent, fin &
délicat ; la chair en eſt très-blanche, &
eſt recouverte par-deſſus de quatre
doigts de lard. Le chef du village de

Monitre en doit un de coutume chaque année au gouverneur du Sénégal.

Depuis la deſcription que j'ai donnée ci-deſſus, du pays des foulles, j'apprends par une perſonne qui arrive de ce pays, qu'un *marabou*, ou prêtre de la loi, eſt parvenu par ſes intrigues, & ſous prétexte de religion, de chaſſer Siratique-Conco, légitime ſouverain, & à ſe faire roi du pays. Il a engagé tous les grands de ce royaume à ſe faire comme lui *marabou*. Il a défendu dans tout ſon pays les pillages, ni de faire aucun captif; & enfin, par d'autres moyens politiques (& au fond très-humains) il eſt parvenu à repeupler ſon vaſte royaume, à y attirer des peuples, qui y trouvent leur ſûreté. Il commence même à ſe rendre redoutable à tous ſes voiſins, par ſa bonne adminiſtration. Ainſi voilà un homme, d'une contrée preſque ſauvage, qui donne une leçon d'humanité à d'autres peuples policés, en défendant dans tous ſes états la captivité & les vexations.

On se permettra dans la suite de cet ouvrage, de présenter quelques réfléxions sur l'horreur du commerce des négres, & sur les crimes qui en résultent.

A la suite du pays des *foulles*, toujours en remontant la rivière on trouve le pays de Galam, où les français ont un établissement, nommé le fort *Saint-Joseph*, distant de 260 à 280 lieues de l'isle *Saint-Louis* du Sénégal. La route est moins longue par terre.

Le fort Saint-Joseph en Galam est entouré des *mandingues*, des *saracolets*, & d'autres différens peuples, qui vivent en républicans. Ce sont les premiers qui vont tous les ans dans Bambazenna acheter les noirs qui forment le commerce de Galam : car les saracolets, aussi voisins du fort Saint-Joseph, ne sortent point, ou très-peu, de chez eux. Ils ne font point de captifs comme les autres souverains du bas de la rivière du Sénégal. On ne traite donc point d'autres noirs de ces marchands en Galam & en Gambie que des efclaves bambazas.

Plufieurs marchands s'affocient, pour former enfemble une caravanne, fous la conduite d'un ou de plufieurs chefs ; chacune de ces caravannes eft compofée de deux où trois cens captifs, qui font à une même chaîne, depuis quatre jufqu'à dix ou douze, fuivant qu'ils appartiennent à un même marchand ou à plufieurs en même fociété. Ces négres comptent trente jours de marche du *Bambazena* en Galam. Ils font porter pendant toute cette marche une pierre ou roche, du poids de quarante à cinquante livres, fur la tête de leurs efclaves, afin qu'une extrême fatigue leur ôte l'envie de fe fauver. Ces peuples, fans connoître l'art d'exploiter les mines, en tirent une quantité prodigiéufe d'or. Plufieurs fois, à moins de trois ou quatre pieds de profondeur, ils en ont trouvé des morceaux de trente à quarante gros , tel qu'un morceau que M. Stoupent de la Brac a rapporté en France , qui pefoit près de quatre onces.

Les marchands mandingues difent que le Bambazena forme plufieurs royaumes , très-vaftes , très-peuplés , & que les peuples font en naiffant efclaves des rois & des grands. Ce royaume , difent-ils, eft fitué entre le royaume de Tombut, fi riche par fes mines d'or , & celui de Caffout , qui eft éloigné de vingt-cinq journées environ du premier ; ce qui fuppofe trois cens lieues pour les trente journées de marche de Galam au Bambazena , & deux cens lieues pour les vingt journées de Bambazena au royaume de Tombut.

Le comptoir de Galam a eu en dif-férens temps plufieurs petits comptoirs, fous les ordres du commandant du fort Saint-Jofeph , tels que ceux de *Far-bana* , de *Samarina* , de *Cuota* & autres.

Il eft certain que le pays de Galam,

& ceux qui l'avoifinent, font remplis de mines d'or , particuliérement tout le terrein qui eft depuis la rivière de *Félemée* jufqu'à 30 ou 40 lieues dans les terres. Les mines de *Nacacou*, de *Tambaoura*, de *Falbana*, de *Samârina*, de *Félemée*, & une infinité d'autres dans le pays de *Bambouë*. De forte que la majeure partie de ces mines font très-riches , & que l'or eft extrêmement commun dans le pays.

A douze lieues du fort Saint-Jofeph en Galam eft un rocher énorme en hauteur & en groffeur , nommé le rocher *feloupe* , qui coupe exactement la rivière. Pendant fept mois de l'année , il eft à fec , ainfi que la rivière près de Galam ; mais lorfque la faifon des pluies vient, à la fin de mai ou au commencement de juin, la rivière qui eft derrière ce rocher fe gonfle & groffit, au point qu'elle monte par-deffus le rocher , & retombe en nappe d'eau , avec un bruit effroyable , qui fe fait entendre à fept à

huit lieues ; ce coup-d'œil eſt très-ma-
jeſtueux. Alors cette eau , tombée du
rocher, remplit promptement la rivière
& la rend navigable cinq mois de l'année. Quelquefois les débordemens ſont
ſi grands , qu'il m'eſt arrivé dans un de
ces voyages de perdre le fil de la rivière , & de reſter mouillé, avec mon
bateau , trente-ſix heures dans les bois ,
dont les arbres étoient recouverts d'eau,
ſans oſer mettre à la voile , de crainte
de m'aller échouer ſur un tronc d'arbre.

Dans cette même crue d'eau, un de
nos meſſieurs, nommé *Duliron*, qui tenoit un petit comptoir ſur le bord de
la rivière, à ſix ou ſept lieues du fort
Saint-Joſeph , fut ſurpris par la crue
d'eau, & n'eut que le tems, avec ſes
domeſtiques, de faire porter ſur le haut
d'un gros arbre, qu'il avoit près de chez
lui, les portes de ſon comptoir , de s'y
établir avec quelques vivres. Il fut obligé
d'y reſter trois jours perché, au bout
duquel temps un de nos bateaux, mon-

tant en Galam , vint le prendre. A douze lieues du rocher feloupe , dont il vient d'être queſtion , il eſt encore un autre rocher , par-deſſus lequel s'écoulent également toutes les eaux qui forment le Niger. On aſſure que ce fleuve eſt un des bras du Nil.

Les négres n'ont point, ou ont très-peu de connoiſſances des terres qui renferment de l'or ; ils ne ſavent guères diſtinguer celles qui peuvent donner le plus de mines.

Utilité & importance de la possession de la rivière du Sénégal, & les grands avantages qu'on peut retirer d'un établissement en Bambouë.

QUELLES étonnantes dépenses d'hommes & d'argent n'a pas coûté à l'Espagne & au Portugal l'acquisition des richesses du Mexique, du Pérou, & du Brésil! Combien d'années ces royaumes ont-ils employé à faire massacrer à grands frais, & à détruire les naturels du pays, pour s'en rendre les maîtres! Et que ne leur en coûte-t-il pas annuellement pour en conserver la possession, par la grande quantité de frais qu'ils ont à faire pour entretenir des garnisons, des munitions, &c. & pour les nombreux armemens qu'exigent cet entretien, & la distance des lieux!

La rivière du Sénégal est à la portée

de l'Europe; elle offre autant & plus de richesses à la France, que l'Amérique aux espagnols & aux portugais. Elle peut s'en assurer la jouissance en très-peu d'années, en protégeant les naturels du pays, au lieu de les détruire. Pour les conserver, elle n'a besoin ni de fameuses garnisons, ni d'armement considérable. L'entretien d'un millier de français, ouvriers, soldats, employés & officiers, lui suffiroient. De sorte que la dépense qu'occasionneroit cette grande entreprise, n'auroit aucune proportion, ni avec celle que les espagnols & les portugais sont obligés de faire, ni avec le produit qu'on en retireroit.

Quatre ou cinq millions qu'on retireroit dans trois ou quatre ans, feroient tous les frais des fortifications & des armemens pour la sûreté de la concession des établissemens sur les mines.

Par la suite, ces mines produiroient des millions dont on ne peut déter-

miner le nombre. De plus, ces établiffemens produiroient une augmentation
de commerce dans cette rivière. La
fréquentation des français dans l'intérieur du pays devant attirer à eux
une grande partie du commerce de
l'Afrique : commerce qui paffe fur les
côtes par les marchands mandigues,
qui, naturellement fe porteroient moins
loin de nos établiffemens, quand ils
leur feront connus. Enfin , on ne
fauroit prévoir tous les avantages que
l'exécution d'un pareil projet pourroit
procurer à la France.

Pour des objets d'une bien moindre
importance, la France a fait en plufieurs occafions des dépenfes beaucoup
plus fortes pour fe procurer du poivre
à la côte de Malabar; la guerre de
Mahé, eft de plufieurs millions.

Pour affurer le privilège de la traite
de *Gomé à Portandie*, elle a fait plufieurs années des armemens qui lui
ont coûté beaucoup.

F 2

Pour tenter d'établir à la *Guianne*, la culture des terres par les mains des blancs (ce qui ne pouvoit se faire que par celle des négres) elle a fait une dépense de peut-être huit à dix millions.

Comme du haut de la rivière de *Gambie*, il n'y a guères que vingt lieues de distance à celle de Galam, les anglais ont certainement connoissance des richesses du pays de *Bambouë*, & nous devons au mauvais régime de leur commerce à cette côte, de ce qu'ils ne sont pas déjà établis sur les mines. C'est la nation qui achete du gouvernement le commerce, & ce sont des armateurs particuliers qui l'exercent. Un particulier n'est pas en état de se livrer à tout ce que demande une si grande entreprise ; ce ne peut-être que l'ouvrage de l'état ou d'une compagnie privilégiée.

On ne peut donc dissimuler que pour parvenir à une entière possession des mines , avec sûreté, à l'exclusion des anglais & de toute autre nation dans la rivière de *Gambie*, il faudroit obtenir par le premier traité de paix avantageux, l'exclusion des anglais dans cette rivière. Cette nation, jalouse des richesses que nous retirerions de *Bambouë*, pourroit parvenir à nous traverser dans nos opérations, en nous suscitant des ennemis; & ils attireroient une partie du commerce que la fréquentation des français dans les terres doit augmenter considérablement. Enfin, les anglais en *Gambie*, peuvent nous nuire de toute façon.

La France, au contraire, si elle étoit absolument maîtresse des deux rivières du Sénégal & de *Gambie*, à l'exclusion des autres puissances de l'Europe, n'auroit plus à craindre d'être troublée dans aucune de ses opérations, tant en *Bambouë* sur les mines, qu'en Galam, pour l'accroissement de son commerce; & alors n'ayant point de concurrent, elle feroit toujours dans le cas de faire la loi à toutes les nations du pays.

Le facrifice du commerce de la rivière de *Gambie*, doit d'autant moins coûter à l'Angleterre, qu'elle n'a qu'un établiffement dans cette rivière, nommé le fort Jacques, qui avoit été rafé dans la dernière guerre, & qu'elle a fait rétablir à la paix; cet établiffement eft fitué près de notre comptoir d'*Albreda*. D'ailleurs, les anglais poffédant douze à treize forts le long de la Côte d'Or, tandis que la France qui a beaucoup plus befoin de bras négres pour l'exploitation de fes habitations en Amérique, n'a abfolument que le *Sénégal* & *Juda*.

Quoique la rivière de *Seralionne* ne foit point à portée de nuire à l'exécution du projet fur les mines; il feroit fort avantageux au commerce de notre nation, & à la profpérité de nos colonies d'Amérique, qu'elle eût auffi le droit exclufif du commerce dans cette rivière.

De forte que depuis le *Cap-Blanc*, jufqu'à *Seralionne*, incluſivement, il n'y
eût que le pavillon français qui pût
commercer, & que les bâtimens de
toute autre nation puſſent y être arrêtés,
& pris comme interlopes, à l'exception
des bâtimens portugais dans les rivières
de *Cazamerica* & de *Cachot*, & au *Biſſeau*. Pour lors la France auroit réellement l'étendue de la conceſſion dite du
Sénégal, telle que nos rois en avoient
accordé le privilège excluſif à l'ancienne
compagnie des Indes ; elle jouiſſoit de
la partie la plus avantageuſe du commerce de la côte d'Afrique, & auſſi
par la briéveté des traverſées en Amérique, & ſa proximité de l'Europe ; il
faudroit encore pour éviter par la ſuite
toute ſorte de tracaſſerie, qu'il fût in-
féré dans le traité avec l'Angleterre, au
ſujet de cette conceſſion, outre le terme
général depuis le *Cap-Blanc* juſqu'à la
rivière de *Seralionne*, incluſivement, il
y fût ajouté ce qui comprend depuis le

F 4

Cap-Blanc, *Portandie*, la rivière du *Sé-*
négal & fes dépendances ; *Gorée*, la
rivière du *Gambie* & leurs dépendances;
& toutes les rivières entre cette dernière, & celle de *Seralionne*, inclufivement, & leurs dépendances, fans
nuire aux droits du Portugal, dans les
rivières de Cazamenu, Cachas, &c.

Les portugais ont refufé quelquefois
d'admettre les navires français à traiter
au *Biffeau ;* droit que la France a toujours eu & qu'elle a toujours exercé
avec eux à l'exclufion de toute autre
nation. A cet effet, il conviendroit que
le miniftère fît expliquer la cour de
Lisbonne à ce fujet, & fît valoir le
droit qu'elle a toujours eu à *Cazamenu*,
au *Biffeau* & dépendances.

La régie qu'il conviendroit d'établir
pour la conceffion des mines, deman-
deroit la plus grande attention. Les
vues qu'on auroit fur cette conceffion,
exclueroient abfolument la liberté du
commerce, qui a d'ailleurs tant d'in-

convéniens faciles à démontrer, qu'elle n'est propre qu'à la détruire, ruiner les armateurs, & frustrer l'Amérique d'une grande quantité de captifs que le pays peut lui fournir ; mais que des armateurs ne peuvent aller chercher dans le haut de la rivière, où l'on ne peut monter que dans la haute saison. Cela détruiroit leurs équipages, outre la perte & la longueur du temps qu'ils seroient obligés de rester à la côte. Il n'y a pas d'année qu'il n'arrive à quelque navire anglais, de perdre tout son monde dans la rivière de *Gambie.* De sorte qu'il ne reste que quelques captifs à bord, dont le commandant du fort *Jacques* s'empare pour les vendre au profit des armateurs des navires : ce n'est que par des résidens sur les lieux que le commerce de ces rivières peut se faire avec quelqu'avantage ; & mieux encore, par des compagnies privilégiées, pour éviter la concurrence qui fait acheter les choses beaucoup plus chères qu'elles ne coûtent ordinairement lorsqu'il y a un tarif d'établi.

Il faudroit donc faire exercer le commerce de cette conceſſion , par une compagnie privilégiée , & lui donner toute protection ; mais peut-il convenir qu'il y ait dans le pays deux intérêts diſtingués ? N'eſt-ce pas ſupporter des diſcordes, des brouilleries & le déſordre par-tout ? Et expoſeroit-on une compagnie qui auroit fait des avances conſidérables de pluſieurs millions , à faire mal ſes affaires, & celles de l'état. Il faut cependant que le commerce ſoit exercé & tous les établiſſemens fournis de ce qui leur eſt néceſſaire.

Si j'oſois ajouter à mon avis, ce ſeroit de former réellement une compagnie ſous le titre de compagnie royale d'Afrique , dont les adminiſtrateurs nommés par arrêt du conſeil, (comme jadis les directeurs de l'ancienne compagnie des Indes) régiroient pour le compte du roi, non-ſeulement le commerce, mais

auſſi tout ce qui concerne les mines d'or
& toute l'adminiſtration de la conceſſion. Les fonds de cette compagnie ſeroient faits par le roi ; elle rendroit
compte de leur emploi au miniſtère,
ſous l'autorité duquel elle agiroit , &
qui diſpoſeroit des fonds qui entreroient
dans cette caiſſe.

Par ce moyen , l'autorité n'auroit
plus d'inconvéniens, on profiteroit de
tous les avantages du commerce & de
l'exploitation des mines ; & les richeſſes
qu'on en retireroit ſe trouveroient direc-
tement dans les coffres du roi, en augmentation des finances de l'état. Le
gouverneur de la conceſſion, breveté
du roi, ſeroit auſſi directeur-général
du commerce. Il commanderoit tous les
ſujets dans la conceſſion. Il ſeroit plus
reſpecté par les puiſſances du pays , il
auroit plus de crédit auprès d'elles , &
ſeroit mieux ſecondé & mieux obéi par
tous les ſujets français.

Ce n'eſt que par la voie d'inſinuation

que les français peuvent parvenir à s'établir chez toutes les nations qui bordent la rivière du Sénégal, jusqu'en Bambouë. C'est ainsi qu'agiſſoit autrefois M. *David*, ancien commandant - général de conceſſion, qui avoit ſi bien ſu gagner l'amitié des négres, que pas un roi du pays, ne lui refuſoit rien de ce qu'il demandoit, même de former des établiſſemens chez eux. La force ſeroit toujours inutile, parce qu'il ſeroit facile à ces peuples de nous faire mourir de faim. Mais pour ſe mettre à l'abri d'un inconvénient ſi à craindre, en formant des établiſſemens ſur les mines, dans les terres, & ſur le fleuve du Sénégal, on doit placer autour de ces établiſſemens ſous la protection de nos canons, des familles libres, dont nos anciens établiſſemens abondent, comme métifs, mulâtres, négres même, & leurs captifs; ces familles en attireroient bien d'autres du pays, ce qui formeroit promptément des villages conſidérables. On exciteroit

le monde à faire cultiver la terre, & à
élever beaucoup de beſtiaux. Cette reſſource nous mettroit dans peu hors de
crainte du plus dangéreux effet de la
mauvaiſe volonté que les gens du pays
pourroient avoir par la ſuite contre nous.

Pour que ces hommes libres nous
ſoient de plus en plus attachés, il faut
leur laiſſer une entière liberté , même
celle de commercer. Plus ils s'enrichi-
ront, plus ils auront beſoin de notre
protection, plus il y aura de gens aiſés
dans nos villages, plus la population en
augmentera en hommes libres ou captifs;
& il arrivera que quelques années après,
par la force ſeule du nombre , dans nos
établiſſemens, nous ſerions en état (ſi
nous étions ambitieux.) de ſubjuguer les
puiſſances du pays.

Alors la France auroit l'avantage ſur
toutes les nations qui ont de grandes
poſſeſſions dans les autres parties du
monde , de s'être rendue maîtreſſe d'un
grand pays, le plus riche de tous ceux

qui font connus, & le plus voifin de l'Europe, & cela fans la moindre violence; de plus, d'avoir formé une colonie nombreufe de fang mêlé, mais plus docile & moins républicain que les colons de l'Amérique,

Les terres de l'intérieur de l'Afrique font très-fertiles; elles peuvent produire toutes les denrées qu'on cultive avec bien de la peine en Amérique; nos villages dans le haut du pays, en moins de dix ou douze ans, produiroient plus de denrées de commerce que la Guyanne n'en a fourni jufqu'à préfent à l'Europe.

Quelle gloire au miniftère qui, avec des moyens fi modérés, procureroit à l'état de fi grandes reffources!

*Obſervations ſur le droit que la France
a de commercer dans tout le cours de
la rivière de Gambie, & que les anglais
veulent lui refuſer depuis long-temps.*

Les anglais nous diſputent non-ſeulement le droit de fréquenter le haut de
la rivière de *Gambie*, mais même celui
d'avoir un comptoir à *Albreda* : ils ont
pluſieurs fois employé les menaces &
les voies-de-fait, pour nous en chaſſer;
notamment en 1750 & 1751. Ils ſe
condamnerent eux-mêmes enſuite ſur
nos repréſentations ; attendu, diſent-ils,
qu'ils ne devoient agir de violence que
dans le cas où nous nous ſerions forti-
fiés dans notre comptoir, & que nous
y aurions du canon.

Cette diſtinction, auſſi peu fondée que
peu capable de juſtifier leur violence,
loin d'éclaircir les droits reſpectifs des

deux nations fur cette rivière, n'étoit qu'un nouveau manège, dont ils ont cherché à couvrir leurs indignes procédés & leurs injuftices; cette difcuffion de droit eft facile.

Voici ce que conftatent les pièces que le dépôt du Sénégal nous avoit confervées.

Premièrement, depuis l'année de 1664, jufqu'à la paix de *Rifwick*, nous avons fréquenté librement & fans obftacle le haut de la rivière de *Gambie*, conformément à la teneur des lettres-patentes du roi, en faveur des différentes compagnies de la côte occidentale d'Afrique.

Secondement, pendant la guerre de 1690, nous étant emparés du fort *Jacques*, il fut rendu à la paix de Rifwick, en conféquence de l'article de ce traité, qui dit en général que les places prifes de part & d'autre feront réciproquement reftituées, & que les chofes refteront à cet égard - là comme elles étoient avant ladite guerre. Depuis cette

paix,

paix, jufqu'à celle d'Utreckt, nous y avons continué notre commerce comme auparavant, & le fort Jacques a été pris & rendu une feconde fois, fans aucune condition qui donnât une augmentation au droit des anglais.

Troifièmement, qu'un bâtiment portugais, fortant de la rivière de Gambie avec une cargaifon de noirs & de cire, ayant été pris par un vaiffeau de la compagnie françaife, à l'embouchure de cette riviere, fut déclaré de bonne prife par le confeil du roi, fans que les anglais aient eu la prétention de s'en formalifer.

Quatrièmement, qu'après la paix d'*Utrecht*, les anglais ont commencé à nous faire des difficultés, malgré lefquelles nous avons eu pendant plufieurs années deux & trois comptoirs à la fois au-deffous & au-deffus du fort Jacques.

Cinquièmement, que fur quelques voies de fait de la part des anglais, la

G

compagnie des indes françaife fit un armement de deux ou trois vaiffeaux, qu'elle envoya en *Gambie*, pour foutenir fes droits & fe venger des atteintes qu'on y avoit données.

Sixièmement, que ces différends furent terminés par un traité qu'aucune des compagnies anglaifes & françaifes n'ont jamais voulu ratifier, attendu l'incompétence des contractans. C'étoit le fieur *Roger*, anglais, gouverneur du fort *Jacques*, & le fieur *Plunet*, fous-directeur français du Sénégal.

Septièmement, qu'indépendamment de la non-ratification defdites compagnies, & des atteintes que ce traité donnoit à nos droits, il a néanmoins été fuivi en plufieurs articles, jufqu'en 1745, que les anglais détruifirent notre comptoir d'*Albreda*.

Huitièmement, que depuis la paix d'Aix-la-Chapelle, nous avons rétabli le même comptoir, fans oppofition de la part des anglais ; mais que neuf mois aprés fon rétabliffement, ils ont commencé à prétendre ouvertement., fans néanmoins alléguer aucune raifon, finon qu'ils avoient feuls le droit de commercer dans la rivière de *Gambie*, & que nous euffions à en fortir inceffament. Sur notre refus, ils ajouterent des menaces indécentes, les outrages, la force & la violence, qui ne leur ayant pas réuffi, furent bientot fuivis d'excufes verbales & d'affurance de la réconciliation la plus fincère.

Il réfulte de tous ces faits, que nos droits fur toute la rivière de *Gambie* font fondés fur des lettres-patentes du roi, fur la reconnoiffance faite par les anglais de la légitimité de ces droits, à l'occafion de la prife du vaiffeau portugais, déclarée & adjugée bonne prife par un acte authentique du confeil du roi, fans qu'il y eût aucune oppofition de plus, fur une fréquentation libre & non interrompue de plus de quarante années; enfin, fur les tentatives, la variation, la légéreté, & l'inconséquence que les anglais ont successivement mis en usage pour rétablir le droit.

Il n'y a pas à s'y tromper, les droits légitimes n'ont besoin ni de la ruse, ni de la force, pour se faire connoître: on ne craint pas d'en produire les preuves. Nous sommes encore dans l'attente de celles que les anglais peuvent avoir pour soutenir le droit qu'ils voudroient s'arroger. Sommés cent fois de les donner par écrit, ils n'ont jamais répondu que par des refus & des généralités qui ne montrent que trop la foiblesse de leurs prétentions.

Par tout ce qui vient d'être dit, n'ayant plus d'observations à faire sur ce qui concerne la rivière du Sénégal, & les mines de *Bambouë*, je vais reprendre la description de la Nigritie, à la pointe de la rive droite de son embouchure, & suivre la côte, jusqu'à celle d'Angolle, passé laquelle on ne trouve plus de négres au bord de la mer ; si ce n'est par-delà le Cap-de-Bonne-Efpérance, dans le canal de *Maufenbie*, & à *Madagafcar.*

En partant donc de la pointe de la rivière du Sénégal, jufques quinze lieues au-dela de l'ifle de *Gorée*, ce qui forme environ quarante lieues de côte, tout ce pays, nommé *Cayord* & *Bahol*, eft habité par des *Yolofs*, qui parlent le même langage que ceux du pays d'*Onal*, mais fous la domination du roi d'*Hamet*. Ils fuivent la même religion, ils ont les mêmes mœurs, & ufent de la même nourriture ; de manière que, fans fe répéter, on ne peut rien en dire. Cependant, je crois devoir donner une defcription fuccincte de *Gorée*.

Cette petite ifle eft fituée à vingt-quatre ou ving-cinq lieues par terre de l'ifle du Sénégal, c'eft-à-dire, par quatorze dégrés quatorze minutes de latitude nord. Cette ifle a à peine un demi-quart de lieue de longueur, dont la moitié forme une haute montagne, fur laquelle nous avons un petit fort, nommé Saint-Michel , jadis bâti par les hollandais ; & fur l'autre bout de l'ifle, nous avions encore ci-devant un autre fort , nommé Saint-François ; mais on m'a dit qu'il avoit été démoli depuis quelques années.

Le commerce de cette ifle eft peu confidérable ; à peine en tire-t-on deux ou trois cens noirs par an. Cependant, il eft des circonftances où on en tire beaucoup d'avantage ; comme lorfque le roi d'*Hamet* eft menacé d'une guerre ; alors il s'intrigue pour faire quelques pillages fur les confins de fon pays ; particulièrement fur les *ferrzes*, fes voifins. Il fait vendre le produit de ces mêmes pillages, qui lui font payés en poudre, fufils, pierres à fufils, fabres communs, &c. Ces peuples fe battent très-courageufement, & craignent peu la mort. J'ai fait une fois la traite du produit d'une de ces guerres , de près de cinq cens de ces *Yolofs* : guerre

qu'on pouvoit nommer guerre civile,
puifque c'étoit l'oncle du jeune roi ré-
gnant, qui avoit ramaffé tout fon monde,
auquel s'étoient joints tous les mécon-
tens du pays. Avec ces forces, il entra
dans *Cayor*, & y attaqua fon neveu
d'Hamet, qui fe défendoit bien, mais
qui néanmoins fut vaincu & détrôné par
fon oncle. La majeure partie des prifonniers fut vendue, au nombre de
près de cinq cens en plufieurs fois ; mais
cette victoire penfa coûter bien cher à
tous les blancs qui fe trouvoient dans
l'ifle.

L'ufage dans cette ifle eft, qu'à mefure que l'on traite des captifs, de quelque nation qu'ils foient, on les met au
collard deux à deux, en attendant qu'on
ait occafion de les embarquer. Ce collard eft une chaîne de fer de cinq à fix
pieds de long. On tient à un des bouts
un collier de fer plat, & qui s'ajufte
autour du col. Il fe ferme & fe *goupille*
de manière que ces captifs ne peuvent

l'ouvrir fans outils ; on a grand foin de n'en point laiffer à leur difpofition. En cet état, libres de leurs bras & de leurs jambes, ils font conduits au travail, par un, deux, ou trois maîtres de langue, fuivant la quantité qu'ils font ; on les occupe fouvent à caffer des roches pour bâtir, à les tranfporter d'un lieu à l'autre, ou à lever des terres, rouler des barriques d'eaux, décharger les canots, les chaloupes ; le foir, revenus du travail, après leur repas, on les enferme dans une captiverie, fituée dans la cour du fort.

Les cinq cens captifs, dont j'ai parlé plus haut, abhorrant la captivité, plus que tous les autres peuples leurs voifins, après avoir pris connoiffance du fort & de l'ifle, y complottèrent une révolte, formée avec intelligence, très-bien tramée, & qui ne pouvoit manquer de réuffir, fans un jeune enfant, de onze à douze ans, qu'on avoit mis à la captiverie, les fers aux pieds, pour le punir de quelques petits vols qu'il avoit faits. Cet enfant étoit couché, lors du complot, sur un cuir de bœuf, comme s'il eût dormi ; mais, comme il s'étoit réveillé, il entendit tous les arrangemens de la révolte, qui devoit s'exécuter le jour même, à six heures du soir, en rentrant du travail. Ce projet né pouvoit manquer de réussir, si cet enfant ne nous eût pas fait appeller le matin, après que les captifs furent sortis, pour nous révéler le complot projetté. Voici de quelle manière il devoit s'exécuter :

Le soir, en rentrant, le tiers des révoltés devoit se jetter brusquement sur le corps-de-garde, qui est à la porte du fort, s'emparer des armes des soldats, posées sur leurs rateliers, tuer les dix ou douze soldats de garde, qui ne s'y seroient point attendus ; pendant laquelle opération, un autre tiers des révoltés entreroit dans le fort, s'empareroit du magasin aux fusils, de la salle d'armes, de la poudrière, &c. ; & pendant cette

expédition , le dernier tiers devoit
fe rendre au village , & fe difper-
fer, pour maffacrer tous les blancs , &
autres qu'ils rencontreroient, afin que
rien ne s'oppofant plus à leurs projets,
maîtres du fort & de l'ifle, ils puffent
tous s'armer de chacun un fufil , poudre, balles, emporter les marchandifes
les plus fines & les plus précieufes, &
de moindre volume, & enfin defcendre
enfuite au bord de la mer, s'embarquer dans les chaloupes pontées, canots
& pirogues qu'ils y trouveroient, &
paffer de fuite à la Grande-Terre, d'où
ils auroient gagné facilement le pays
où leur jeune roi détrôné s'étoit réfu-
gié. Ils n'auroient couru aucun rifque
d'être attaqués en chemin, étant fi bien
armés & non attendus.

Cette révolte, fi bien concertée, ne
manqua d'avoir fon exécution, que par
leur défaut d'attention à n'avoir pas
apperçu l'enfant couché auprès d'eux,
ainfi qu'il vient d'être dit. Sans ce bon-

heur, nous étions tous perdus, & eux au comble de leurs vœux. C'est ainsi que la fortune se joue souvent des projets les mieux concertés des foibles mortels, & souvent leur prépare des dangers, ou les en garantit.

Aussi-tôt que nous fûmes informés de cette conspiration, pendant que les captifs étoient dehors, au travail, l'on fit tripler la garde, avec ordre d'être sous les armes, la bayonnette au bout du fusil, lorsque les captifs rentreroient. On eut soin de ne les faire avancer au fort qu'en plusieurs bandes. Le reste de notre garnison se mit sous les armes, avec quatre petites pièces de canon chargées à mitrailles, braqués sur l'endroit par où devoient rentrer ces noirs dans le fort ; de manière qu'en approchant du corps-de-garde, il ne leur fût pas difficile, en voyant cinquante autres soldats sous les armes, d'appercevoir que leur projet étoit éventé & manqué.

Il rentrèrent donc, à l'ordinaire, &
l'inftant d'après, entourés de plus de
cent fufiliers, on leur fit mettre les fers
aux pieds, bien goupillés, & même des
menottes à ceux que l'on croyoit les
plus déterminés. En cet état, il furent
renfermés dans la captiverie, avec une
fentinelle à la porte.

Le lendemain matin, le commandant
de l'ifle les fit tous affembler dans la
cour du fort, & s'adreffa particulièrement aux deux ou trois chefs de la révolte, qu'on favoit être des grands de
leur pays, pour leur demander s'il étoit
vrai qu'ils euffent projetté la veille de
maffacrer tous les blancs de l'ifle ? A
cette première queftion, qui leur fut
faite devant tout le monde, les deux
chefs, loin de nier le fait, ni chercher
de faux-fuyans, répondirent avec har-
dieffe & courage : que rien n'étoit plus
vrai, qu'ils devoient ôter la vie à tous
les blancs de l'ifle, non pas par haine
pour eux ; mais bien pour qu'ils ne

pûssent s'oppofer à leur fuite , & au moyen qui leur étoit offert d'aller re-joindre leur jeune roi ; qu'ils avoient tous la plus grande honte de n'être pas morts les armes à la main, fur le champ de bataille , pour lui ; mais qu'actuel-lement , puifqu'ils avoient manqué leur coup, ils préféroient la mort à la cap-tivité. A cette réponfe , vraiment ro-maine , tous les autres captifs crièrent, d'une voix unanime : *dé gue la* , *dé gue la*, cela eft vrai, cela eft vrai.

La réponfe de ces deux captifs , à l'interrogatoire qui venoit de leur être fait , étoit trop claire pour qu'il fût néceffaire de leur faire d'autres queftions. Le confeil de la direction s'affembla pour délibérer fur ce qu'il y avoit de mieux à faire dans cet événement. Pour donner un exemple à tout le pays, il fut dé-cidé que les deux chefs de la révolte fe-roient mis à mort le lendemain, devant tous les captifs & les gens de l'ifle, af-femblés de la manière fuivante.

Le lendemain, on fit affembler tous les captifs dans la *favane*. On en fit former un rond ovale, ouvert par un bout. Vis-à-vis cette ouverture, on fit placer deux petites pièces de canon, chargé non à boulet, mais de la feule *bourre*, nommée le *vallet*; enfin, à l'extrêmité de cette ouverture, les deux chefs de la révolte y furent placés, & tirés par le maître canonnier, & avec la feule bourre de canon ces malheureux furent enlevés & jettés morts à quinze pas d'où ils avoient été canonnés.

Tous les autres captifs, frappés d'un exemple auffi terrible de févérité, rentrèrent à la captiverie, dans la plus grande confternation. Si cette exécution paroît terrible & inhumaine, elle eft une fuite néceffaire du commerce infâme que prefque tous les européens font dans ces contrées, & fur lequel je me permettrai quelques réfléxions à la fin de cet ouvrage.

Ce qui pourroît excufer, s'il étoit poffible, la rigueur du jugement dont je viens de parler, c'eft que plufieurs années avant cette confpiration, il y eut à Gorée une autre révolte commencée, qui penfa coûter la vie à bien du monde. Tous les captifs alors en captiverie, au nombre de près de trois cens, avoient trouvé le moyen de fe déferrer la nuit, & en montant fur les épaules les uns des autres, dans un coin du fort où la fentinelle étoit éloignée, ils étoient entrés dans l'intérieur. Si, avant de commencer la révolte, ils euffent eu l'intelligence d'attendre qu'il fuffent tous montés, ils auroient égorgé tous les blancs, avec d'autant plus de facilité, que prefque toute la petite garnifon s'étoit couchée ivre, comme il arrivoit tous les dimanches ; mais l'impatience des révoltés à commencer le maffacre, fit que les fix premiers montés fur le fort, au lieu d'attendre que leurs camarades les euffent joints, tombèrent d'abord fur la fentinelle en faction, au pied des marches

de la direction. Quoique furpris inopi-
nément, il eut le temps de mettre la
bayonnette au bout de fon fufil ; mais
il ne put guères s'en fervir, parce l'un
des noirs empoigna le canon du fufil,
& les autres le frappoient du boulon
de leurs fers, qu'ils avoient chacun à la
main. En cet *état*, la fentinelle cria à la
révolte, la garde du corps-de-garde
accourut à fon fecours, le dégagea très-
promptement, mais très-grièvement
bleffé, & perça les révoltés de coups
de bayonnettes. Ils fe défendoient cependant avec intrépidité, n'ayant pour
armes que le boulon de leurs fers. Deux
d'entr'eux, avec les boyaux qui leur
fortoient du corps, ne laiffèrent pas
d'étendre à terre quatre ou cinq foldats, dont un mourut le lendemain à
l'hôpital. Heureufement, que pendant
tout ce vacarme; le reftant des révoltés, effrayés du bruit, n'osèrent, dans
l'obfcurité de la nuit, continuer de
monter fur le fort, & rentrèrent dans
leurs

leurs captiveries ; ce qui fit que cette révolte n'eut pas d'autre suite plus fâcheuse.

Avant de terminer le récit de ces deux révoltes , je crois intéressant de rapporter ce qui est arrivé aux cinq cens captifs, dont les deux chefs furent suppliciés , quoiqu'ils pensassent en vrais romains.

Après que leurs tentatives furent découvertes , il nous arriva un vaisseau de la Rochelle, appartenant à M. *Bacot,* négociant de cette ville , capitaine *Avrillon* , freté par la compagnie des Indes , pour apporter des approvisionnemens au Sénégal , & pour prendre ensuite un chargement de noirs , que nous avions ordre de lui donner pour faire son retour , & de toute la quantité qu'il en pourroit prendre. En conséquence , le jour pris pour embarquer cette cargaison de noirs , on les marqua , suivant l'usage , de la marque de la compagnie , sur l'épaule , ou au bras ,

H

ou à la cuisse. Je me rappelle que chaque fois que je reconnoissois que les captifs destinés à être embarqués l'après-midi provenoient des cinq cens captifs révoltés, que je les faisois appercevoir au capitaine *Avrillon*, en lui conseillant de les tenir bien enferrés, s'il ne vouloit lui-même éprouver une révolte : il me répondit, avec le ton d'un homme qui aime à paroître n'ignorer de rien, qu'il en avoit bien conduit d'autres, quoique certainement il n'eût jamais connu les noirs de cette nation.

Enfin, il les embarqua tous, & partit ; mais le deuxième ou troisième jour, après être en mer, il eut l'imprudence d'en faire déferrer quatorze ou quinze, & de les mettre sur son pont à manœuvrer, pour soulager, disoit-il, son équipage. Ces négres déferrés, ne manquèrent pas de ramasser tous les clous & les ferremens qu'ils purent trouver dans le navire, ils les donnèrent furtivement à leurs camarades, avec lesquels ils trouvèrent le moyen de se déferrer, dans une seule nuit. Le sixième jour du départ du navire, le capitaine *Avrillon* paya cher d'avoir négligé les avis que je lui avois donnés. En allant à la pointe du jour, de sa chambre pour se rendre sur le gaillard d'avant, il fut empoigné par la jambe, par un bras vigoureux, qui le tira de dessus le passe-avant & le fit tomber sur le pont, où tous les captifs étoient déjà montés, les fers aux pieds en apparence, mais sans goupilles. Le capitaine fut assommé à l'instant, à coups de boulons des fers des captifs.

Au premier cri qu'il fit d'abord, un de ses officiers vint à son secours, avec cinq de ses matelots, qui tous furent assommés en un instant. Si dans ce moment une partie des négres déferrés étoient montés sur le gaillard de derrière, ils se seroient trouvés entièrement maîtres du navire; mais le reste de l'équipage consistoit en vingt-deux ou vingt-quatre hommes, éveillés par le bruit , voyant tous les captifs déferrés, ils eurent la préfence d'efprit de fauter fur la porte de la cloifon à claire-voie, qui fépare les négres du gaillard de derrière , & de courir au coffre d'armes , d'en prendre les fufils & les piftolets , de les charger & de tirer , toujours à balles , fur les captifs révoltés , & particulièrement fur ceux qui, plus alertes & plus ingambes , cherchoient à monter le long des manœuvres du navire , pour franchir l'obftacle de la cloifon à claire-voie , & s'emparer des blancs , qu'il favoient être en très-petit nombre ; mais chaque négre , qui fe trouvoit prêt à paffer par-deffus, étoit décoché, jufqu'à bout portant, par une balle de fufil qui le faifoit tomber ; mais il étoit auffi-tôt remplacé par un ou plufieurs autres à la fois , fans qu'ils fuffent effrayés. Cela dura près d'une heure ; ils fe fuccédoient les uns aux autres , par différens cordages , & éprouvoient le m ême fort. On ne tiroit poin fur le gros de la cargaifon, plus pour ménager le bien de l'armateur que par humanité. La rage des révoltés, à prétendre paffer par-deffus la barrière, augmenta fi fort, malgré la mort qui les attendoit, que voyant que rien ne les rebutoit, l'officier refté commandant fur le gaillard de derrière, craignant de n'avoir pas le temps de charger fes armes, fe décida à faire tirer à mitrailles deux petits canons qu'on tient toujours en chandelier dans la claire-voie de la cloifon, & toujours pointés fur le pont, où l'on tient les négres dans le jour. Ces deux coups de canon, chargés de beaucoup de mitraille, tuèrent un fi grand nombre de ces malheureux, que le refte fe jetta en pagalle dans l'entrepont.

Lorfqu'il ne parut plus un feul noir, l'on vint fermer les panneaux des *écoutilles*, l'on compta les morts, qui montoient à deux cens trente, non compris fept blancs, qui furent tous jettés à la

mer. Que l'on juge préfentement du
coup-d'œil affreux d'une fi horrible boucherie ? Cette troifième cataftrophe eft
encore une fuite de cet infâme commerce, dont je ne peux dire trop de
mal. Je me permettrai d'en parler dans
une autre occafion.

Je reviens à la narration de ce navire
révolté, de M. *Bacot*, de la Rochelle.
Il a continué fa route, s'eft rendu en Amérique, y a vendu le reftant de fa cargaifon, à un prix fi avantageux, que
la compagnie des Indes nous a marqué
qu'il avoit mis au pair, c'eft-à-dire, qu'il
n'avoit rien perdu fur fon voyage.

Mais, c'eft affez parler de révolte,
je reviens à Gorée. Les environs de
cette ifle fourniffent beaucoup de bœufs,
cabris, beurre, huile de palme. C'eft
une très-bonne relâche. La mer y eft fi
poiffonneufe, que d'un coup de fçenne
on tire du poiffon pour nourrir deux
cens perfonnes ; c'eft une grande ref-
fource pour l'ifle, lorfque les bœufs

manquent : ce qui arive souvent , par la défense des traités du roi du pays. Il n'y manque absolument que le vin & la farine , qui sont envoyés d'Europe. Avant la prise que les anglois ont faite de cette isle , toutes les denrées avoient un tarif.

Quatre poules se payoient un couteau flamand , estimé cinq sols ; vingt poissons, quelques gros qu'ils fussent , un couteau flamand ; un bœuf , deux barres , ou six pintes d'eau-de-vie ; vingt livres de beurre , une barre ; un captif sans défaut , trente barres , dont on diminuoit le prix à proportion des défauts.

Gorée a trois petits comptoirs, tenus par un employé , où l'on traite des vivres, & quelques captifs. Le premier comptoir se nomme Bain ; il n'est éloigné que d'une lieue de l'isle ; les navires y envoyent faire de l'eau , avec leurs chaloupes , où avec les chaloupes de terre. Le second comptoir se nomme

Rufisk, qui en est éloigné de quatre lieues. Le troisième se nomme Portudal, & en est à dix lieues.

Ces trois comptoirs sont situés au bord la mer, sur les terres du roi d'*Hamet* : entre ces deux derniers comptoirs, environ à sept lieues de Gorée, il est néanmoins un petit pays presque sous le cap de *Naze*, indépendant du roi d'*Hamet*. Il est habité par un peuple nommé les *Seraires* noirs, pour les distinguer d'autres Seraires, à vingt lieues plus loin au-dessus ; ils parlent une autre langue que les Yolofs du pays où ils sont enclavés. Le roi d'Hamet a tenté plusieurs fois de les réduire, ou pour mieux dire, de les détruire ; mais sans succès, si ce n'est par quelques petits pillages faits sur les bordures de leurs pays.

Ces négres, & les femmes particuliè-ment, sont les plus beaux de toute la Nigritie, quoique plus sauvages que leurs voisins, retirés dans les plus épais de leurs bois, ne faifant aucun commerce, & ne fréquentant pas les blancs ; c'eft peut-être par cette raifon qu'ils font les meilleurs gens & les plus humains que j'aie connus, non par principes, mais par tempéramment. Il m'eft arrivé plufieurs fois, à l'âge de vingt ans, d'aller chez eux en pirogue, me promener avec mon feul maître de langue, & par curiofité, fur le bien que j'entendois dire de cette bonne nation. Effectivement, ils m'ont toujours reçu de leur mieux. Ils s'empreffoient de m'apporter en préfens dès poules, dès cabris, du lait, & fouvent un bœuf, que je refufois, ne pouvant l'emporter dans ma pirogue.

Lorfqu'il fe perd un bateau ou chaloupe à la côte de ce peuple, loin d'en faire les blancs captifs, comme cela arrive prefque par toute la côte, ils s'empreffent de les accueillir, de venir les fecourir & de les laiffer retourner fans rançon, chez leurs compatriotes.

Comment expliquer tant d'actes d'humanité de ce peuple, avec les négres antropophages du Gabon, qui mangent, non-feulement les blancs qu'ils peuvent attraper, mais encore les prifonniers qu'ils font chez leurs voifins.

Mais je reviens à mes bons Seraires. Dans le dernier voyage que je fis chez eux, je vis promener leur chef dans un état grotefque, monté fur un bœuf, avec un baffin de cuivre fur la tête, en forme de couronne. Tout le peuple, & les femmes parées de leur mieux, marchoient devant lui, chantant à tue-tête fes louanges ; après cette promenade, il fut conduit à un folgar ou bal du pays, placé fous deux gros arbres, où chacun fe mit à danfer au fon du tambour, de la voix & du cliquetis de ferremens attachés aux jambes, qui fervent, pour ainfi dire, à battre la mefure. Ce bal eft quelquefois interrompu dans la journée, pour boire & manger, ce qu'on leur apporte de leur cafe ; en-

fuite le bal reprend jufques fort avant
dans la nuit.

Ces peuples, naturellement bons, par
inclination, vivent cependant dans la
plus profonde ignorance de toutes chofes
connues, même aux autres négres. Ils
font fans la moindre religion, & n'ont
aucune connoiffance de l'être fuprême.
Ils ne font aucun cas de l'or; ils pré-
fèrent le cuivre rouge à ce métal fi précieux ailleurs; de ce cuivre, ils font des
boucles d'oreilles & d'autres ornemens
pour leurs femmes.

Ne pouvant imaginer, comme on me
l'avoit dit, qu'ils n'euffent aucun culte,
& me trouvant un foir, au foleil couchant, au bord de la mer, avec cinq à
fix de leurs vieillards, je leur fis demander par mon interprête, s'ils connoiffoient celui qui avoit fait ce foleil, qui
alloit difparoître, cette maffe d'eau
énorme qui étoit fi étendue, qu'un bon
marcheur ne pourroit en trouver le bout
après deux cens jours de marche; &

enfin, s'ils connoiſſoient le ciel & les étoiles, qui alloient paroître une heure après?

A ma queſtion, chacun de ces vieillards, comme interdits, ſe regardoient ſans répondre ; cependant après un inſtant de ſilence, un me demanda ſi moi-même je connoiſſois tous les objets dont je venois de leur parler ; alors un peu embarraſſé de pouvoir leur répondre, de manière qu'ils puſſent me comprendre ; je leur dis d'abord, que par le moyen de nos vaiſſeaux, nous allions par-tout le monde ; que nous connoiſſions les différens peuples qui l'habitoient, & que quant à la connoiſſance de celui qui avoit créé toutes les beautés de l'univers, comme le ciel, la terre & l'eau, que nous étions certains qu'aucun homme n'avoit jamais eu le pouvoir de créer toutes ces choſes, & que d'après cette certitude, nous étions bien aſſurés qu'il n'y avoit qu'un grand être infiniment puiſſant, qui avoit créé toute

chofe. Que c'étoit par lui que nous ref-
pirions, & que tous les peuples de la
terre ayant la même croyance, l'ado-
roient tous, & s'appliquoient pour lui
plaire à faire tout le bien qu'ils pouvoient faire à leurs femblables.

Avec un peu plus d'éloquence, j'aurois pu fans doute leur dire quelque
chofe de plus frappant, mais j'imagine
que je ne me ferois point fait entendre;
puifqu'avec mon raifonnement fi fimple,
ils fe contentèrent de me dire : nous
autres.... ne connoiffons rien de tout
cela. Mon maître de langue qui avoit
demeuré quelque-temps avec eux, me
confirma que ces peuples n'avoient aucun culte. Leur humanité fait honte
cependant à des peuples plus éclairés.
Leur petit pays eft particulièrement très-
fertile en coton, & on n'a que la peine
de le ramaffer. Ils fe nourriffent d'ailleurs fort bien, & font heureux dans
leur ignorance.

Enfuite du pays dont je viens de

parler, on double le cap de *Naze*. A
trois lieues au-deſſus, eſt notre comptoir de Portudas, toujours du département de *Gorée*, quelquefois ſous la
domination du roi d'*Hamet*, & quelquefois ſous celle du roi de *Baol*, ſuivant le ſuccès des guerres du pays. Ce
peuple parle encore, dans cet endroit,
la langue Yolof ; il vit comme tout
ceux de cette nation, avec les mêmes
productions. L'employé qui tient ce petit comptoir, y traite quelques captifs,
des bœufs, du beurre, de l'huile de
palme, &c. &c.

A dix lieues au-deſſus de cet endroit,
on trouve encore un quatrième comptoir, dépendant de Gorée à Joual,
mais ſous la domination d'un autre roi,
nommé *Barbeſin*, dont la nation ſe
nomme Seraires, & dont le commerce
eſt à-peu-près le même, qu'au Portudal,
& la même manière des peuples, d'y
vivre. Dans le voiſinage de ce petit
royaume, ſont ſituées deux rivières,

elles se nomment Bruxal & Salum ;
elles peuvent mener à faire beaucoup
de commerce ; mais comme il y a une
barre à leur entrée, il faudroit pour
négocier avec les peuples qui habitent
les bords, y avoir des bateaux qui tirent
peu d'eau, & y former quelques pilotes-
côtiers ; ce qu'on a toujours négligé de
faire. Ensuite de ces deux rivières, toujours en descendant la côte, on trouve
la rivière de Gambie, aussi intéressante
pour le commerce, que celle du Sénégal ; mais presqu'entière au pouvoir des
anglais, à l'exception de notre seul
comptoir d'*Albreda* ; dont les français
tirent à peine deux cens captifs & quelques milliers de cire : comme j'ai déjà
parlé très-amplement de cette rivière, à
l'article de nos droits négligés sur cet
endroit, je n'en dirai rien de plus.

État de toutes les marchandises avec lesquelles on fait toutes sortes de traites à la côte d'Afrique, dont quelques-unes n'ont pas cependant de cours chez certaines nations, mais sont fort recherchées chez d'autres.

S A V O I R :

Argenterie, qui ne passe guères qu'au Sénégal.

Patagues d'Hollande.

Cornets à leurs chaînes.

Grands malatous.

Petits malatous.

Chaînes de pieds.

Sifflets de marine.

Grelots.

Mortandes.

Armes

Fusils de traite.

Dº. à la grenadière.

Boucanniers.

Boucanniers.
Pistolets à deux coups.
D°. avec un coup.

Ambre jaune gros.
D°. moyen.
D°. rond.
D°. taillée.
Baffins de cuivre de deux livres.
D°. d'une livre.
Chandeliers de cuivre.
Bouges ou cauris.
Bonnets de laine fine.
Barrettes de cuivre rouge.
Gros corail.
D°. plus petit.
D°. rond.
Cornalines longues.
D°. rondes.
Criftaux fins en corde.
Couteaux flamands.
Drap écarlate de Carcaffonne.
D°. de Berg bleu.
Revêches.

Eau-de-vie.
Écharpes de foye.
Fer plat en barres.
Grelots de cuivre.
Poudre à canon.
Plomb en balles.
Pierres à fufils.
Peignes de bois.
Papier commun.

Toiles Baffetas.
De Rouen.
De Bretagne.
Platilles.
Indiennes.
Bajatapo.
Neganifpo.
Mouchoirs de Rouen.
D°. Mafulipatam.
D°. chollet.

Verroteries

Coutres brodés à fleurs.
D°. dorés.

Compte de lait.
Gallet rouge.
Dº. rayés.
Grain rayés.
Loquis taillés en brillant.
Marguerites grosses rayées.
Dº. bleues.
Dº. étoilées.
Olivettes citron.
Dº. blanches.
Dº. d'émail.
Dº. bigarées.
Rasade de dix à soixante-dix livres.
Vérot blanc gros & petits.
Dº. rouges.
Dº. noirs.
Tabac en feuille en rolle.
Des pipes d'Hollande.
Toutes sortes d'étoffes de soye.
Des sabres.
Des chapeaux.
Parasols grands & petits. &c. &c.
Toujours en descendant la côte,
dans le sud, on trouve la rivière du

Biſſeau encore très-propre à beaucoup de commerce, nous y avions autrefois un fort que nous avons perdu & qu'on a tenté enſuite de rétablir ; mais le navire de la compagnie des Indes, le *Chameau*, qui portoit tous les uſtenſiles néceſſaires pour cet établiſſement, s'étant lui-même perdu dans cette rivière, ce projet a été négligé ; & depuis, le commerce s'y eſt fait par bateau ou bringantin ; mais jamais auſſi conſidérable que ſi nous y euſſions eu un fort.

Cette rivière eſt remplie d'iſles, coupées de canaux ; elles ſont habitées par un très-grand nombre de nations, qui different entr'elles, autant de langage & de mœurs que ſi elles habitoient à mille lieues les unes des autres ; quoique très-voiſines. Ces peuples ſont continuellement en guerre entr'eux. Les principales iſles de ces nations, ſont habitées par les *Biʒagots*, *les Papels*, *les Biaſſares*, qui ſe font tous la guerre ; ils viennent faire des defcentes la nuit chez leurs voifins avec des grandes pirogues, qui peuvent contenir chacune cinquante ou foixante hommes. Ces peuples font extrêmement fauvages, & on eft forcé d'être toujours fur fes gardes avec eux.

Comme l'établiffement que nous avions dans cette rivière, y étoit mal fitué, fous le canon du fort portugais, de qui l'on éprouvoit fouvent des tracafferies par jaloufie de commerce ; j'eftime que fi le gouvernement vouloit rendre avantageufes les traites dont cette rivière eft fufceptible, il faudroit, fans héfiter, former un établiffement fur l'ifle *Boullant*, dont il eft facile de démontrer les avantages, le commerce exclufif de la conceffion du Sénégal, depuis le Cap-Blanc jufqu'à Seralionne, inclufivement, qui eft fitué au-delà du Biffeau, pour tirer tous les avantages que cette étendue de côte, de plus de

cent foixante lieues lui offre , doit former un établiffement fur l'ifle de *Boullant.*

Avant que les portugais euffent conf-
truit le fort qu'ils ont au Biffeau , les
français y faifoient le même commerce
qu'eux , tant fur l'ifle que dans la rivière
& les ifles voifines. Ils prétendent aujourd'hui que leur fort doit commander
la rade , & interdire aux français le
commerce qu'ils ont toujours fait dans
cette partie de la côte ; & s'y trouvant
les plus forts , ils en ont chaffé nos bâtimens depuis quelques années.

La France peut facilement faire reconnoître fon droit par la cour de Lif-
bonne ; mais il ne lui convient plus d'occuper l'ancien comptoir qu'elle avoit
au *Biffeau.* Se trouvant fous le canon
du fort portugais, on feroit toujours
expofé à des infultes , tant au comptoir fur l'ifle , que dans la rade. De
forte que , pour ne point perdre le commerce de cet endroit, & nous mettre

même en meilleure pofition que les portugais, & pour le faire avec plus d'avantage qu'eux, au lieu de nous établir au *Biffeau*, où on s'oppoferoit aux fortifications, il faudroit nous établir fur l'ifle de Boullant, à douze lieues dans le fud-oueft de la rade du *Biffeau*. Cette ifle n'eft point habitée ; les *Bizagots* qui habitent les ifles voifines de *Boullant*, & les *Biaffares* habitent le continent, qui n'eft éloigné que d'une lieue de cette ifle, s'en difputeroient la propriété.

Boullant peut avoir douze à quinze lieues de tour. Cette ifle a de fort beaux bois, où il y a des fources qui fortifient la plus grande partie de fon terrein La bâtiffe d'un fort y feroit peu coûteufe : on y trouveroit la pierre, le bois, le fable & l'eau au pied de la bâtiffe. De cette ifle on eft plus à portée que du *Biffeau*, de cultiver le commerce de Riogrande, de *Gouly*, de Tambaly, où l'on traite avec les Biaffares, avec les Naldûs, & d'où l'on

tire annuellement trois cens captifs &
quatre à cinq milliers de morphile; de
plus on peut de-là faire facilement le
commerce fur les ifles de Bizagots, &
il n'eft pas douteux qu'une grande partie de celui que font les *Papels* & les
négres portugais, feroit apporté au fort
de Boullant. Ce fort feroit encore à
portée de pratiquer Riodegefvle, les
ifles Teffagore & Rebolles, habitées
par des négres portugais naturels du
pays, dans la même rivière, fous la
domination du roi des Lendements. Enfin, de *Boullant* on peut commercer de
toutes les places de commerce, de Biffeau jufqu'au cap de *Vergue*. Il eft certain que le département de *Boullant*,
bien afforti en marchandifes, n'ayant
point les anglais pour concurrens, malgré le commerce des portugais, four-
niroit au moins annuellement douze
cens captifs, dix milliers de morphile,
ou ivoire, cinq milliers d'efcorbeil, &
quatorze à quinze milliers de cire.

Le commerce de la concession seroit diminué de toute cette partie, sans l'établissement du *Boullant*; tous les lieux qui fourniffent le commerce ci-deffus étant trop éloignés de *Seralionne*, pour être fréquentés de ce département, qui d'ailleurs a une quantité prodigieufe d'ifles & de rivières qui doivent augmenter ce commerce.

L'ifle de *Boullant* eft entourée d'eau & de bancs qui empêchent les vaiffeaux de force d'en approcher de plus près que cinq à fix lieues; c'eft une fûreté pour le fort qu'on y établiroit. Cette ifle, quoique par les onze dégrés de latitude nord, eft très-tempérée par les vents du nord-oueft qui y regnent; elle eft auffi très-faine & très-fertile, & peut recevoir toutes fortes de cultures; on n'y connoît aucune bête féroce, ni ferpents, & on y trouve des biches par troupeaux, des buffles, & quelques éléphans, auxquels les bigazots & biaffares viennent faire la chaffe, pour en ven-

dre les dents aux blancs. Enfin, cette
ifle eft inhabitée : nous pouvons l'occuper toute entière, en y formant une co-
loniè qui profpéreroit promptement, vu
la bonté du terrein & du climat, & y
occafionneroit une grande augmentation
de commerce.

Un petit fort bien fitué, avec douze
pièces de canon, quelques petites re-
doutes autour de l'ifle nous en affure-
roient la poffeffion tranquille, & l'entretien de deux bateaux de vingt-cinq à
trente tonneaux, avec cinq à fix chaloupes pontées, fuffiroient pour en pratiquer tout le commerce.

Après la rivière de *Biffeau*, toujours
en defcendant la côte, on trouve celle
de *Seralionne*, peu fréquentée par les
français : les anglais y ont un comptoir; il s'y traite peu de captifs & du *mor-*
phile ; les navires qui fe deftinent à traiter au bas de la côte, prennent le large,
& ne vont reconnoître la terre qu'au
Cap de *Monte*; ils vont enfuite faire

une relâche à Mesurade ou à la rivière Saint-Paul, qui en est peu éloignée, pour y faire de l'eau & du bois, & y traiter du riz autant qu'ils en ont besoin : il n'y a que de très-petites embarquations qui puissent monter au haut de ces deux rivières que particuliérement les anglais fréquentent. De ces relâches, nos navires descendent à Popo, à Juda, Epée, & Badagry, en rangeant la côte près de terre, & à la vue de onze ou douze forts hollandais & autant de forts anglais, qui font à Saint-Antoine ; les trois pointes Saint-Georges de la Mine, le Cap Corçe, Ninga, Acra, Seconda, Discove, Botzo, Tincorazy, Commendo, &c. &c.

Le fort *Saint-Georges de la Mine* est le chef-lieu de tous les autres forts hollandais situés le long de cette partie de la côte, où le général fait sa résidence, comme le fort *Cap Corse* est le chef-lieu des établissemens à cette côte, où le général fait de même sa résidence, &

d'où il donne ſes ordres dans ces petits forts qui verſent dans le chef-lieu les objets de leur commerce, qui eſt très-étendu en captifs, en cire, yvoire, & en or, dont les mines ſont en grand nombre.

Différentes nations négres en ſont les maîtres; mais elles ne ſavent point les exploiter. Chez la plus grande partie de ces nations, il n'eſt permis par la loi ou religion du pays qu'aux ſeules femmes, d'y travailler ſix ſemaines de l'année, de la manière ſuivante:

Ces femmes n'ont d'autres uſtenſiles pour ſéparer l'or d'avec la terre, que deux ou trois grandes gamelles de bois, remplies d'eau; elles prennent indifféremment, à trois ou quatre pieds de profondeur, de la terre de ces mines, & rempliſſent leur vaſe à moitié: elles verſent de l'eau par-deſſus, & puis broient cette terre à tour de bras; elles inclinent enſuite leur gamelle, & laiſſent couler l'eau & la terre très-doucement, elles répetent cette opération, jufqu'à ce qu'il ne refte plus au fond du vafe que les paillettes d'or, qu'elles ramaffent & qu'elles emportent le foir chez elles.

Les femmes minoifes des environs du fort de la Mine, font la même opération avec moins de travail ; car, prefqu'au pied de leur cafe, elles attendent qu'il vienne de fortes pluies d'orage ; & auffi-tôt qu'elles font paffées, elles lavent le fable des endroits où les torrens les plus rapides forment des ruiffeaux. Elle ramaffent l'or qu'elles y trouvent, de la même manière qu'il vient d'être dit. Si par un moyen fi fimple elles retirent de la terre autant d'or, il eft facile d'imaginer la quantité prodigieufe que rendroient ces mines, fi elles étoient ouvertes & exploitées par des mineurs intelligens.

Cependant, l'on doit obferver que quant à l'or qu'elles ramaffent dans le fable, il ne provient point du terrein ; mais il y eft apporté des montagnes où font les mines, par les torrens d'eau

qui les charient. On est si assuré de l'a-
bondance de ces riches mines, qu'il est
une nation à cent lieues dans les terres
du fort de la Mine, nommé les *Argentains*, qui, sans avoir plus d'industrie
que ceux des environs de la mer, ont
chez eux une si grande quantité d'or, que
les portes des cafes du roi, en font
recouvertes, & que dans les marchés,
les marchandises les plus viles, s'y
vendent en or. Ils en connoissent si peu
la véritable valeur, par rapport à nous,
qu'en 1747 ou 1748, le roi ayant entendu parler qu'à dix journées de chez
lui, il y avoit des blancs qui possédoient
toutes sortes d'étoffes, avec une infinité d'autres marchandises, qui esti-
moient l'or; il se décida d'envoyer un
détachement d'une centaine d'hommes,
avec une quantité prodigieuse de poudre
d'or, & même des morceaux de trois
ou quatre onces, qui n'avoient pas encore été fondus. Ce détachement arrivé
au fort de la Mine pensa faire tourner la

tête aux hollandais ; mais cependant pas assez pour les empêcher de s'occuper d'en tirer partie : à cet effet, après avoir vendu à ce détachement toutes les marchandises qui se trouvèrent alors dans le fort ; les employés vendirent jusqu'à leurs chemises & les chaises de leurs chambres. Cet événement fit ouvrir les yeux au gouverneur - général hollandais, qui étoit alors M. *Wauvort*, homme de mérite, qui avoit auparavant commandé à *Batavia*, & qu'on avoit envoyé au fort de la Mine, pour qu'il eût occasion de réparer quelques brèches faites à sa fortune ; il comprit alors combien il étoit intéressant pour lui & pour sa patrie, de s'ouvrir un chemin chez les Argentains, afin d'y faire le plus brillant commerce.

Dans cette vue, il envoya des présens au roi, & proposa à un de ses employés d'aller lui - même faire cette espèce d'ambassade. L'apât des richesses le lui fit aussi-tôt accepter. Cet envoyé

partit donc avec le détachement, &
chargé de préfens pour le roi, il arriva
très-heureufement; ce prince le reçut
avec bonté, & lui promit tout ce que
le gouverneur hollandais lui faifait demander.

Ce blanc vérifia que tout ce qu'on
lui avoit annoncé des richeffes du pays,
étoit très-véritable, & il y féjourna deux
ou trois mois, pour prendre le plus de
connoiffances qu'il pourroit; après quoi,
il s'en revint au fort, comblé de préfens
en or, avec lefquels il repaffa en Hollande, fa patrie.

Malgré tout cela, cette brillante dé-
couverte n'a pas eu une fuite auffi heureufe que M. *Wauvort* avoit eu lieu de
l'efpérer; car dans le même-temps que
le roi des Argentains fe difpofoit à envoyer une feconde fois au fort des hollandais, pour y faire une opération de
commerce plus forte que la première; il
apprit qu'un autre roi, nommé Inguif,
ayant été informé qu'il alloit augmenter
fes

ses forces, par ses liaisons avec les blancs, de qui il attendoit des fusils & de la poudre; il apprit, dis-je, que ce roi venoit de prendre possession d'un pays, situé entre le sien & le fort de la Mine, à cinquante lieues de distance de l'un & de l'autre. Il s'y établit avec cinquante mille hommes, de manière qu'il coupoit toute communication, entre son ennemi & les blancs. Ce projet lui a si bien réussi, que depuis ce temps, il n'a plus été possible à M. Wauvort, ni à ses successeurs, de suivre son premier projet, ni même d'envoyer des émissaires chez le roi des Argentains, ni, enfin, d'en avoir des nouvelles. Cependant cinq à six ans après, le dernier prince envoya de nouveau un détachement avec beaucoup d'or; non pas au fort de la Mine, puisqu'il en étoit empêché par ses ennemis, qui fermoient les chemins; mais bien au seul fort que les Danois ayent à la Côte, situé à environ soixante lieues de la Mine, dans le

K

ſud-eſt. Ce détachement, qui eſt parvenu ſans paſſer ſur les terres du roi *Jugnif*, a acheté encore cette fois avec ſon or, tout ce qui étoit dans le fort danois. Depuis ce tems, l'on n'a plus entendu parler des argentains.

Tout ce qui vient d'être dit, prouve les richeſſes immenſes que renferme la Côte d'Or.

Il eſt encore une autre mine plus riche, dit-on, que toutes les autres, ſituée à douze lieues, dans les terres, dont on voit la montagne en paſſant; mais il eſt défendu d'y toucher, par la loi du pays, ſous peine de la vie.

Le cap Corſe, comme je l'ai dit, eſt le chef-lieu des établiſſemens anglais à cette Côte. Il n'eſt éloigné que de deux lieues du fort de la Mine, & partage avec ce dernier, le commerce du pays. Les français ayant compris, que de toutes les nations de l'Europe, la nation françaiſe étoit celle qui avoit le plus beſoin de bras négres, pour exploiter

ſes habitations d'Amérique ; & que pour
s'en procurer, elle n'avoit que la conceſſion du Sénégal, & *Juda* qu'on pouvoit perdre dans une ſeule guerre, les
français ont donc tenté de faire un
nouvel établiſſement à Namabon, près
le cap Corſe, qui étoit effectivement
l'endroit le mieux choiſi de la côte,
pour y faire un commerce très-étendu ;
mais l'opération a été ſi mal concertée,
qu'elle a échoué par les lenteurs de
l'ancienne compagnie des Indes ; elle y
envoya d'abord M. du *Bourdieu*, homme
très-capable, qui connoiſſoit bien le
pays ; mais ſans autre pouvoir que de
demander aux chef de *Namabon*, s'ils
conſentoient que nous formaſſions un
établiſſement chez eux. Non-ſeulement
ils le permirent, mais encore ils remi-
rent au ſieur de *Bourdieu*, les deux fils
du chef, pour ôtages de leur parole ;
il les a effectivement amenés à Paris.
Cependant cela ne détermina pas encore la compagnie des Indes, & ce ne

fut que très-long-temps après qu'elle obtint du ministre, deux vaiſſaux de de guerre, & qu'elle chargea encore le ſieur de *Bourdieu* de cette opération.

Cet armement ſe fit lentement, & avec ſi peu de ſecret, que les anglais en furent informés, & conçurent auſſi-tôt le projet de s'établir eux-mêmes à *Namabon*, quoiqu'ils euſſent déjà un fort à dix lieues de là ; à cet effet, ils armèrent dans très-peu de temps, trois ou quatre vaiſſeaux de guerre & une frégate, dans leſquels vaiſſaux, ils firent charger un fort en bois prêt à monter, avec tous les matériaux & les ouvriers néceſſaires pour s'y établir, de ſorte qu'ils y arrivèrent huit jours avant nous, & à peine les deux vaiſſaux français y furent-ils mouillés en rade, qu'il leur fut ſignifié par les anglais, qu'on ne leur accordoit que vingt-quatre heures pour appareiller. C'eſt ainſi que cette expédition a manqué. Je n'en ai parlé que pour faire voir que ſi cet armement

avoit été fait avec plus de fecret, &
qu'on y eût apporté moins de lenteur,
il étoit impoffible qu'il manquât.

Après avoir dépaffé tous les établiffemens anglais & hollandais, il n'eft
plus queftion de mine d'or. On arrive à
la rivière de *Volte*, qui n'eft guères
connue qu'aux environs de fon embouchure, quoiqu'elle foit fort large ; elle
ne permet pas de la remonter contre
fon courant, parce qu'elle eft couverte
de joncs & de brouffailles qui en empêchent la navigation. Il y a une quantité prodigieufe de rivières tout le long
de la côte, depuis celle de *Biffeau* jufqu'à *Juda*. Il y en a tant, qu'on peut
en compter quarante, dans lefquelles,
fi on vouloit pénétrer, l'on découvriroit
encore bien des peuples inconnus, &
fans lefquels on ne connoîtra jamais
l'intérieur de l'Afrique ; car, n'en dé-
plaife à meffieurs nos géographes,
tous les royaumes qu'ils placent fur leurs
cartes y font placés au hazard, parce

que perfonne n'y a jamais été , fi ce
n'eft dans le haut de la rivière du Sénégal & de Gambie , parce qu'elles font
navigables , & que par-tout ailleurs il
eft impoffible d'avoir des connoiffances
de l'intérieur du pays au loin , parce
que pour y aller il faudroit traverfer
tant de différentes nations, fouvent barbares , que les blancs qui feroient affez intrépides pour entreprendre d'y
voyager, feroient certains d'avoir le col
coupé avant d'y arriver. On peut affurer, fans exagérer , que le nombre de
langues des différens peuples de l'Afrique eft peut-être auffi confidérable que
celui des trois autres parties du monde.

Les feuls renfeignemens que nous
pouvons prendre de l'intérieur des
terres , eft de faire des queftions aux
captifs que nous traitons, & qui , à
leurs marques au vifage , nous paroiffent venir de très-loin (prefque toutes
ces nations ont chacune la leur ;) notre
première queftion, dis-je, eft de leur

demander combien de jours ils ont
été en chemin, & lorſqu'ils répon-
dent, cinquante ou ſoixante jours, quelquefois plus , & qu'ils ont été vendus
à dix marchés différens en route ; on
leur montre enſuite le ſoleil levant & le
ſoleil couchant, & on leur demande,
ſi leur pays eſt à droite ou à gauche de
cet aſtre. De-là, on eſtime autant qu'il
eſt poſſible , ſi ces captifs viennent de
trois, quatre ou cinq cens lieues. Et c'eſt
ſans doute ſur de pareils renſeignemens
qu'on place ſur les cartes leurs royaumes, véritablement inconnus, même à
ceux qui ont ſéjourné le plus long-temps
à la côte.

Après la rivière de Volte, ou rivière
ſans fond, l'on trouve deux petits ports,
l'un nommé le petit *Popo* & l'autre le
grand *Popo*; l'un à douze lieues dans le
nord de Juda, & l'autre à ſept lieues. Il ne
ſe fait dans l'un & dans l'autre que très-
peu de commerce. Ces deux endroits ſont
habités par des judaïques naturels du

pays. Les navires n'y restent que quelques jours, & descendent ensuite à Juda , où ce commerce autrefois présentoit de grands avantages. Ce royaume est gouverné par *Dada* , roi des *dahomets* ; il appartenoit encore en 1720 aux judaïques , qui font les vrais naturels du pays. *Ardres* étoit autrefois l'endroit & la ville principale , où le roi des judaïques faisoit sa résidence. Il en reste encore des vestiges , qui prouvent que cette ville a été considérable , ayant quatre à cinq lieues de circonférence. Ces peuples ont perdu leur pays par la révolution suivante. En 1720 ou 1721, le roi des judaïques, maître d'un bon pays , bien peuplé , & d'un grand commerce , laissa , en mourant, son royaume à ses deux fils, auxquels il le partagea , mais pas assez également sans doute , puisque l'un des deux se trouva le plus fort , ce qui fit naître une jalousie & une discorde entr'eux , dont il résulta une guerre , qui fit perdre à tous les deux leur pays. Le plus foi-

ble, s'appercevant qu'il ne pouvoit réfifter aux forces de fon frère, s'avifa de
demander du fecours à certain partifan, nommé *Dada*, qui avoit trouvé le
fecret de ramaffer neuf à dix mille
hommes déterminés, qu'il louoit, en
payant, à ceux qui avoient befoin de
fon fervice, à la tête defquels il mar-
choit pour faire la guerre, & toujours
à celui qui payoit le plus. Il envoya
donc propofer à ce partifan de venir,
avec toutes fes forces, fe joindre à lui,
pour faire la guerre à fon frère; ce qui
fut accepté & exécuté. Il marcha donc,
avec fon renfort, droit à fon frère, qu'il
vainquit dans une bataille fanglante. Le
partifan fit quinze à feize cens prifonniers, qu'il garda pour fon compte,
pour les vendre à fon profit, & en gra-
tifier une partie de fes troupes. Enfuite,
il les affembla, avec les chefs qui fer-
voient fous lui, les plaça à fes côtés,
& les harangua à-peu-près de la manière fuivante :

» Il y a bientôt vingt ans, mes amis, que nous habitons les bois, où nous sommes errans & sans demeure fixe. Je vous propose aujourd'hui de profiter des avantages que la fortune nous offre. Nous venons de vaincre par votre valeur le plus fort des deux rois judaïques ; par cette raison, il ne nous sera pas difficile de vaincre le plus foible, qui nous a fait appeller, & qui ne peut nous faire aucune résistance. Prenons possession de ce bon pays, nous y ferons fleurir le commerce qui s'y fait déjà ; nous nous procurerons, avec les blancs, quantité d'armes à feu, & nous jouirons de notre victoire. Voilà mon avis, que je vous invite à suivre. »

Aussi-tôt sa petite armée s'empressa de donner des signes d'approbation à sa proposition, par des cris de joie & d'applaudissemens. Il leur fit distribuer partie des dépouilles qu'il venoit de conquérir, & sans perdre un moment, il se rendit au camp du roi qu'il trahissoit ;

avec ſes troupes bien préparées en cas d'événement ; il l'invite d'aſſembler ſes grands, & leur dit que toute ſon armée & ſes chefs entendoient reſter, & occuper le pays qu'ils venoient de conquérir, & y joindre le ſien propre ; que s'il y conſentoit, il ſeroit le ſecond après lui ; que tous les grands ſeroient placés convenablement, ſuivant les places qu'ils occupoient auparavant. Qu'ils devoient ſe ſouvenir que les judaïques ne ſavoient point faire la guerre, & que s'il oppoſoit la moindre réſiſtance à ſes propoſitions, il alloit à l'inſtant commencer les hoſtilités.

Quoique le roi judaïque eût infiniment plus de force que lui, il n'oſa néanmoins ſoutenir une guerre contre ce petit chef de parti, dont le ſeul nom, par ſa valeur, faiſoit trembler tous les pays voiſins. Il conſentit donc de renoncer à gouverner, non-ſeulement le pays de ſon frère, mais celui qui lui appartenoit. Il acquieſça à tout ce qui venoit de lui être proposé ; mais, quelques jours après, une partie de ses peuples & de ses grands s'enfuirent, & se dispersèrent, à Epée, à Badagry , & aux deux petits ports de Popo, où ils sont encore. En se divisant, ils se perdirent ; car leurs forces suffisoient pour écraser trois armées comme celle de leur vainqueur. Le peu qui sont restés dans le pays , ayant été insensiblement pillés plusieurs fois, se sont sauvés avec le restant de leurs compatriotes; de manière que *Dada* , devenu roi des dahomets , est resté paisible possesseur de leur pays. Comme ce prince étoit un grand homme dans son espèce , de beaucoup d'esprit & d'une valeur incroyable , il a sçu se maintenir & affermir dans son usurpation , & attirer beaucoup de commerce chez lui. Redouté de tous ses voisins, il auroit étendu considérablement ses conquêtes, s'il n'en eût été empêché par une quantité prodigieuse de rivières dont les confins de son pays

font coupés ; mais , réduit à celui qu'il
a conquis , il s'y est au moins confervé , & y a fait fleurir le commerce , au
point que , de fon règne , il s'expédioit
quinze à feize navires par an , de différentes nations.

Les portugais n'y traitoient alors ,
prefque toutes leurs cargaifons , qu'en
poudre d'or , avec laquelle le roi payoit
toutes les étoffes de foieries qui lui
étoient préfentées.

Le peuple de ce pays eft d'une bravoure qui va à l'intrépidité ; & quoique
guerrier, il ne laiffe pas d'être induf-
trieux. On y fait de très-belles cannes
d'ivoire, de trois pieds & demi, d'un
feul morceau , & des maffues canne-
lées par un bout , faites d'une feule
dent d'éléphant. Pour cette canne ou
cette maffue, ils emploient fouvent cent
vingt à cent cinquante livres d'ivoire ,
parce qu'ils n'ont pas les outils nécef-
faires pour fcier ces dents dans leur longueur ; mais ces cannes ou ces maffues

font auffi bien travaillées que nos ouvriers d'Europe pourroient le faire. Ils
font auffi de jolis paniers en paille, de
diverfes couleurs. En outre, des pagnes
de coton, dont ils fe vêtiffent ; ils en
fabriquent encore d'autres, avec la pelure
des feuilles de lataniers, qu'ils fendent
par fils & qu'ils attachent au bout l'un
de l'autre ; ils en font une étoffe, que
les français nomment des pailles, &
qu'on achète à fi bon compte chez eux,
qu'on ne paye communément une pièce
de cinq aunes qu'une pinte d'eau-de-
vie, mais un peu davantage lorfqu'elles
font fines. Les blancs s'en font quelquefois des habits, qui ne changent jamais de la couleur de paille même, les
laiffa-t-on plufieurs jours dans l'eau.
Néanmoins il n'y a que le bas peuple
qui fe couvre de cette étoffe. Ils préfè-
rent celles de coton, telles que nos
fiamoifes, toile de coton, bajutap, &
autres étoffes de Rouen & de l'Inde,
que nous leur portons, mais par-deffus

tout, nos étoffes de foie, comme velours, fatin, damas, &c. ; mais il n'y a que le roi qui puiffe en porter, & quelques grands, à qui il donne la permiffion, fuivant leur dignité.

Ces négres fe nourriffent en général à-peu-près des mêmes alimens que tous ceux de la côte ; c'eft-à-dire, de maïs, de patates, cabris, millet, poules, poiffons, &c. &c. quoique préparés différemment.

Ces peuples, malgré le defpotifme & les cruautés de leur roi, lui portent une foumiffion, une réfignation & un refpect incroyable pour toutes fes volontés. Ils ne le voyent cependant que quatre ou cinq minutes, une fois l'an, lorfqu'il vient fe préfenter fur une efpèce d'amphithéâtre, à une fête qu'il donne chaque année pour l'anniverfaire de la mort de fon père, dans laquelle il fe commet des actes de cruauté qui font frémir, & dont il va bientôt être parlé plus amplement.

Je viens de dire que le peuple ne
voyoit fon roi qu'une fois l'an, parce
qu'effectivement, quand il fort de fes
cafes, ce qui arrive très-rarement, il
fort dans des efpèces de palanquins
fermés, accompagné de dix à douze
autres pareilles voitures, également fer-
mées, & portées fur les épaules de fes
porteurs, de manière qu'on ne fait jamais
dans lequel il eft.

Gouvernement

Gouvernement du pays des Dahomets.

Le fils du roi qui a succédé à son père, par qui ce pays a été conquis, est bien éloigné de son mérite, & de continuer ses grandes entreprises. Il fait sa résidence ordinaire à Bomé, distant de trente lieues des forts français, anglais & portugais. Il ne peut, dans aucun cas, venir les visiter, par une loi du pays, qui défend au souverain de voir ni d'approcher des bords de la mer. Enfermé dans ses vastes cases, dont les principales sont garnies sur le faîtage d'un nombre infini de têtes de mort, ce sont celles des ennemis tués à la guerre, ou de ceux sacrifiés chaque année aux mânes de son père, pour l'aller servir dans l'autre monde.

L'enceinte de son palais, ou case,

L

comme on voudra le nommer, a plus
d'une lieue de tour ; & là, il n'y eſt
gardé intérieurement que par ſes femmes, qui ſont au nombre de deux ou
trois mille ; elles ſont comme enrégi-
mentées ; leurs chefs femelles portent
le même nom que les chefs des hommes
employés à la guerre.

Le reſpect que ces peuples portent
à leur roi, va juſqu'à l'idolâtrie, & ſon
deſpotiſme n'a point, je crois, d'exemple ailleurs. Aucun de ſes ſujets ne
peut l'approcher ; quelquefois ſes enfans, à qui par politique il ne donne
aucun grade dans l'état, ou ſon grand
général, lorſqu'il le fait appeller, les
uns & les autres, après avoir obtenu
l'ouverture de la première porte, qui
eſt toujours gardée par les femmes :
elles prononcent hautement *ago*, elles
le répètent ſouvent ; ce qui ſignifie en
ce moment : *c'eſt avec permiſſion*, & dans
une autre occaſion le même mot ſignifie *éloignez-vous*, *détournez la tête*, *ca*

font les ordres du roi. Ainfi introduit
dans une vaſte cour, on trouve dans une
caſe une autre femme ou gardienne,
qui dans une autre caſe introduit celui qui doit être préſenté. A l'approche
du roi, il ne lui eſt plus permis de
marcher ſur ſes pieds ; il ſe couche
ventre à terre, prend du ſable dans ſes
deux mains, & ſe le verſe ſur la tête &
ſur le dos, & marche ſur ſes deux coudes
& ſes genoux, ſi l'on peut appeller
marcher cette manière de ſe traîner ;
enfin, arrivé à dix pas de diſtance du
roi, il reſte dans cette attitude, ventre
à terre, tout le temps que dure l'audience, & à chaque fois que le prince
a approuvé ſa conduite, on lui accorde
quelques petites graces. Il réitère le cérémonial de prendre du ſable, & de
ſe le jetter ſur la tête & ſur le dos,
en marque d'humilité, de reſpect &
de reconnoiſſances pour les bontés de
ſon maître.

L'audience finie, le roi ſe retire,

paſſe dans une autre caſe, & le ſujet ſe retire, avec les mêmes marques de ſoumiſſion.

Le deſpotiſme du roi eſt ſi étendu, que lorſqu'un de ſes ſujets en place ou non en place, a fait quelque choſe de mal à ſes yeux, il l'envoye chercher & donne ordre à un homme qui ne fait que la fonction de bourreau, de lui couper la tête, ſans autre forme de procès. Elle eſt apportée auſſi-tôt devant lui ſans que cet acte de violence & de cruauté cauſe jamais la moindre ſédition.

Ce prince tient en tout temps une petite armée qui ne ſe diſperſe jamais. Lorſqu'il eſt beſoin d'y faire des remplacemens ou de l'augmenter, chaque village eſt obligé de fournir des hommes toujours choiſis jeunes, afin de les accoutumer aux fatigues de la guerre & à la frugalité. Cette armée eſt commandée par ſon grand-général, nommé Agaon, ſa place lui donne ce nom ; cette armée n'a jamais été défaite ni même battue.

Elle est regardée par les peuples voisins comme invincible, elle fait trembler tous ceux qui ont à s'en défendre; ils prétendent même que si cette armée étoit vaincue, n'en restat-il qu'un seul qui en viendroit donner la nouvelle, il auroit sur le champ la tête coupée. Si cette loi est barbare & digne du souverain qui l'a faite, il faut au moins convenir qu'elle maintient l'esprit de bravoure de cette armée, & jette la terreur parmi les voisins qu'ils vont sans cesse piller; mais comme ils ne peuvent toujours y réussir, cela oblige le roi de piller ou de faire voler ses propres sujets.

Il fait vendre dans ses pressans besoins, des femmes de ses cases, qui proviennent du tribut que chaque particulier est obligé de lui payer, en lui donnant une de ses filles; au point qu'on est étonné que ce pays soit encore sous la même domination que le nom seul soutient; mais qui ne pourra encore

exifter long-temps, fans être envahi par
les judaïques, naturels du pays difper-
fés, & qui y feroient déjà rentrés, s'ils
étoient plus courageux, & de meilleure
intelligence entr'eux; car il en refte encore un fi grand nombre, que les dahomets ne pourroient leur réfifter.

Lorfque le roi a befoin d'avoir des
marchandifes & des cauris, qui eft la
monnoie du pays, il envoye vendre en
fecret huit à dix jeunes filles dans nos
forts, ou au capitaine des navires; &
pour qu'elles ne foient pas reconnues
le long des chemins, il les fait conduire
la tête couverte par deux ou trois de
fes gens. S'ils apperçoivent quelqu'un,
l'un d'eux a grand foin de crier *ago*,
ce qui fignifie paffant, *détournez - vous
promptement de mon chemin, c'eft de
l'ordre du roi*. De cette manière, les
pauvres père & mère qui ont mis leurs
filles dans les cafes du fouverain, pour
être employées à fes plaifirs, font loin

de penser qu'elles font vendues aux blancs.

Lorfqu'un nouveau commandant, deftiné pour un des trois forts, foit français, anglais ou portugais, arrive à Gregoy, qui eft dans le royaume de *Juda*, le roi des dahomets lui envoie auffi-tôt un ou deux de fes valets, ou gardes-du-corps, avec la canne du prince, qui eft la marque qu'on vient de fa part. Cet envoyé, en arrivant à Gregoy, va defcendre chez Yavogan, mot qui fignifie : gouverneur pour le roi auprès des blancs. Il lui fait part du fujet de fa miffion. Le gouverneur négre, après l'avoir entendu, affemble auffi-tôt la fuite de fa dignité, qui confifte ordinairement en foixante ou foixante-dix hommes armés, qui marchent en tête, chantant fes louanges, & tirant force coups de fufils, pour lui faire honneur. Derrière le cortége, eft placé Yavogand, fous un très-grand parafol, qu'un homme placé derrière lui, porte

au-deſſus de ſa tête. Pluſieurs domeſtique ſuivent, portant ſa chaire de dignité, & quelquefois ce *Yavogan*, a le
corps couvert d'un grand cordon de
corail, comme le portent nos cordons
bleus, & nos cordons rouges, ſuivant
ſa dignité.

Il amène avec lui l'envoyé du roi,
qui a la moitié de la tête raſée, l'autre
moitié de la tête avec tous ſes cheveux,
une bandoulière, comme nos gardes-du-corps, ſi ce n'eſt qu'elle eſt
compoſée de quatorze à quinze rangs
de dents d'hommes, enfilées les unes
contre les autres, & pour tout vêtement, une eſpèce de petit jupon de
ſoie, de vingt à vingt-deux pouces de
hauteur ; il eſt placé ſur les reins, &
il lui couvre le bas des genoux.

Avec cette ſuite, qui fait grand bruit
le long du chemin, ils ſe rendent tous
au fort, à l'appartement du nouveau
commandant, où l'on ne laiſſe entrer
que l'envoyé du roi, avec *Yavogan* &

quelques-uns de ſes valets ; le reſte ſe
tient en bas, au pied de l'eſcalier. Arrivé à la chambre d'audience, chacun
ſe place aſſis par terre ; le ſeul *Yavogan*
a la permiſſion de s'aſſeoir ſur une
chaiſe, & le nouveau commandant des
forts à ſes côtés. Alors l'envoyé du roi,
aſſis à terre, au pied du *Yavogan*, lui
remet entre les mains la canne de ſon
maître.

Auſſi-tôt *Yavogan*, avant de parler, tire cette canne de ſon fourreau :
à cette vue chaque négre, de quelque qualité qu'il ſoit, eſt obligé de ſe
jetter à plat ventre, le viſage en terre,
de ſe couvrir la tête de pouſſière. Après
cette marque de reſpect, le gouverneur
négre met la canne entre les mains du
nouveau commandant, & lui fait part
des ordres qu'il vient de recevoir, qui
conſiſtent ordinairement à lui dire que
le roi, ayant appris ſon arrivée au fort,
il lui envoie faire ſes complimens, &
le prier de le venir voir au plutôt, pour

faire connoiſſance avec lui, & concerter enſemble les arrangemens du commerce.

Enſuite, l'on congédie l'envoyé, avec quelque petit préſent. Le lendemain le nouveau commandant du fort envoie, à ſon tour, ſon interprète, avec ſa canne, chez le prince, le remercier, & lui annoncer qu'il ira le voir dans huit ou quinze jours, ſuivant que ſes affaires & ſa ſanté le lui permettront. Enſuite, pour effectuer ſa promeſſe, & rendre ſon voyage fructueux, il ramaſſe tout ce qu'il a apporté de plus précieux d'Europe pour ce ſouverain, comme velours, ſatins, damas, & grands paraſols d'étoffes d'or, capables de couvrir douze perſonnes. Ce paraſol ſe vend toujours fort cher, & donne un très-grand bénéfice.

Quand le gouverneur a préparé ſes préſens pour le roi, il part en *hamac*, qui eſt la voiture des blancs, avec ſept à huit porteurs pour ſe relever; ces porteurs font des captifs du fort, que l'on nomme acquerats. Son cortège eſt compoſé de ſon interprète & de ſes domeſtiques. Le voyage eſt ordinairement de trois jours. Lorſqu'il eſt prêt d'arriver, c'eſt-à-dire, à deux ou trois lieues de *Borné* (demeure du roi), ce prince lui envoie d'abord, comme pour lui donner idée de ſa grandeur, une compagnie de trente à quarante *hommes ſinges*, c'eſt-dire, de très-petits hommes, de trois pieds, trois pieds & demi, diſgraciés de la nature, & ſouvent contrefaits, qu'il fait chercher & acheter dans les terres, & enſuite habiller de peaux de grands ſinges, à qui on laiſſe une queue énorme.

Cette compagnie a ſon capitaine de même taille, qui les commande ; & ainſi vêtu, il vient avec ſa troupe au-devant du nouveau commandant ; & dès qu'il le voit, il ſe met à gambader, & à faire les ſingeries des véritables ſinges. Enfin, arrivé près de lui, il s'arrête, & le capitaine vient compli-menter le blanc, de la part de son maî-tre, & lui présente à se rafraîchir sou-vent : c'est un verre de mauvais vin, ou d'eau-de-vie. Il faut boire à la santé du roi, ce qu'on ne peut refuser.

Cette cérémonie faite, les singes s'en retournent comme ils sont venus, en gambadant, & l'on continue son che-min ; mais une demi-heure après, on reçoit une nouvelle députation, non moins étrange, composée d'une com-pagnie d'eunuques. Le roi en fait opérer douze chaque année, de la même ma-nière que nos *Castrats* italiens, sans plus de retranchement ; puisque, parvenus à l'âge de vingt ans, le roi les marie, & les femmes d'ailleurs les préférent souvent aux hommes ordinaires. Ces êtres ne sont utiles en rien au roi, qu'à satisfaire sa vanité. Ils sont habillés en femmes, ils font la révérence en femme, avec un capitaine en tête, qui aborde le nouveau commandant avec autant d'humilité &

de détreſſe apparente , que les ſinges marquent de gaieté. Alors ſe renouvelle la même cérémonie, de nouveaux complimens de la part du roi , & la préſentation d'un verre de vin, pour boire à ſa ſanté ; & ces hommes - femmes ſe retirent : mais on n'eſt pas encore quitte pour ces deux ſeules députations.

A un quart-de-lieue de *Bomé*, tout prêt d'arriver, il vient au-devant de vous une troiſième compagnie, plus nombreuſe que les premières, compoſés de ſoldats, ou de gardes-du-corps, qui ne gardent cependant le roi que hors de ſon logement. Ces hommes ſont grands, forts & robuſtes; ils portent ſur la tête un bonnet ou caſque de peau d'éléphant, auquel eſt attachée une queue de cet animal avec tous ſes crins, en forme de panache à la romaine ; une bandoulière , compoſée de quatorze à quinze rangs de dents d'hommes enfilées, bien ſerrées les unes contre les autres ; un ſabre court , mais dont la lame a trois

pouces & demi ou quatre pouces de
largeur ; un petit efpingol fur le bras,
en forme de fufil ; & pour tout vêtement, un morceau d'étoffe de foie ou
de coton, qui pend jufqu'au bas du
genouil. L'afpect de ces troupes a quelque
chofe d'impofant, & même d'effrayant
pour ceux qui la voient la première fois.
Ils donnent la premiere idée du defpote
qui les entretient. Le chef de cette troupe
vient donc au-devant de vous, comme
les deux précédens, avec fa troupe, à
qui il fait tirer force coups d'efpingols,
pour faire honneur au nouvel arrivé,
qu'il accofte avec les mêmes complimens que les premiers. Il l'invite encore
à boire à la fanté du roi, & le conduit
avec toute fa troupe jufques fur la place
où réfide fon fouverain.

Alors le miniftre vient prendre le
gouverneur, qui eft toujours porté dans
fon hamac ; on lui fait faire le tour
de la prinipale cafe du roi, au bruit
d'une grande moufquetade qu'ils accom-

pagnent de leurs chants. On dit que ce prince, pendant cette promenade, se tient à un premier étage, & s'amuse à examiner par une ouverture la cérémonie du cortège; ensuite le gouverneur est conduit par le ministre au logement qui lui est destiné; il le félicite de la part du roi son maître de son heureuse arrivée; & le moment d'après, il le fait saluer de neuf coups de canon., & lui envoie sa canne, avec un valet, qui lui coûte autant de petites pierres, qu'il a été tiré de coups de canons.

Cela est accompagné d'une provision de vivres pour lui & pour ses gens, & de la promesse qu'il lui fait de lui donner une audience pour le lendemain. Le gouverneur se rend à l'heure indiquée, accompagné de son interprète & du ministre, qui vient le chercher : on est obligé de s'habiller avec l'épée au côté, malgré la chaleur, parce que le roi connoît le costume de ce cérémonial.

Après avoir passé plusieurs vastes cours,

l'on parvient enfin à une , où font
conftruits des efpèces d'hangards, fous
l'un defquels eft le roi, affis fur un fauteuil, & deffous un tapis, vêtu de deux
panes de velours ou de fatin bleu ou
cramoifi, ayant cinq à fix femmes affifes
à terre fur le tapis, dont l'une lui tient
un baffin d'or, dans lequel il crache ;
deux autres s'occupent à lui chaffer les
mouches. A fon approche le miniftre
fe jette à terre , & n'approche fa perfonne qu'en rampant , comme il a été
dit, & en reftant néanmoins à huit ou
neuf pas du prince. Le blanc trouve là
un fauteuil, qui lui eft préparé, & où
il eft invité de s'affeoir. L'interprête, à
terre au pied de fon fauteuil, & le miniftre, ventre à terre, la tête un peu
tournée, pour n'être point en face de
celle du roi , reçoit le difcours qu'il
veut faire paffer au nouvel arrivé, qui
le rend à l'interprête dans la même langue du pays, lequel interprête rend à
fon tour au blanc ce qui lui a été or-
donné

donné de dire. On lui répond de la même manière par la voie de ces deux tru-chemens.

Un feul fuffiroit fans doute pour s'entretenir ; mais la vanité a fait trou-ver à Dahomet qu'il y avoit plus de dignité de n'avoir point à parler direc-tement à un interprète, & qu'il étoit plus grand de s'adreffer à fon miniftre. Enfin, après que dans cet entretien on s'eft dit réciproquement ce qu'il inté-reffe de dire, fi vous defirez refter quelques jours, ou fi vous defirez vous en retourner, alors il vous fait fon préfent d'ufage, qui eft une jeune négreffe de quatorze à quinze ans, qu'il nomme votre blanchiffeufe, avec un ou deux grands tapis de foie & coton, fabriqués fort loin dans les terres, & quelquefois une canne d'ivoire avec des cauris, qui font la monnoie du pays, quelques cabris, & de l'eau-de-vie pour votre monde. Ces cadeaux font ordi-nairement faits à l'audience de congé,

M

après laquelle on part pour revenir au fort Saint-Louis de Gregoy.

Dans ce premier voyage chez le roi des Dahomets, on n'y voit rien d'intéreſſant ſi ce n'eſt par la nouveauté des uſages inconnus ailleurs, & qui prouvent ſeulement qu'une vanité & une fauſſe apparence de grandeur règnent auſſi-bien chez les peuples nègres, que chez les peuples civiliſés.

Mais au ſecond voyage que les trois commandans des forts français, anglais, & portugais ſont obligés de faire une fois chaque année chez ce prince, pour aſſiſter à une fête qu'il donne à ſon peuple, afin de célébrer l'anniverſaire de la mort de ſon père ; on eſt ſpectateur de cruautés qu'on revoqueroit en doute, ſi l'on n'en étoit pas le témoin.

Chaque année au commencement de décembre, le roi envoie, dans les trois forts, avertir qu'il doit commencer les coutumes, ordinairement quinze jours après. Il fait prier chaque com-

mandant d'y affifter fuivant l'ufage de
leurs prédéceffeurs , de manière que
quelque répugnance qu'on ait à y aller ,
il faut s'y réfoudre, ou s'attendre à fe
faire un ennemi de ce prince qui, en cas
de refus, (à moins que ce ne foit pour
caufe de maladie) ne manqueroit pas
de vous faire enlever , & vous feroit
envoyer à bord du premier navire qui
fe trouveroit en rade , ainfi qu'il eft
arrivé plufieurs fois. En forte que les
trois commandans partent avec chacun
leur monde , pour arriver vers Noël ,
la veille que doit commencer cette
horrible fête. Auffi-tôt rendus, le prince
vous envoie faire des complimens fur
votre heureufe arrivée , & vous fait
paffer des provifions de bouche. Le
lendemain, il vous donne audience ;
elle fe paffe en remercîment d'être venu
affifter à l'anniverfaire de la fête de feu
fon père. Peu après commence cette
fête, pour laquelle il vous fait inviter
de vous rendre chez lui.

M 2

Ici commence un spectacle affreux, du quel on tâche de détourner les yeux autant que l'on peut, parce qu'à chaque côté des portes, & particulièrement à la première d'entrée, on y voit un monceau de têtes d'hommes fraîchement coupées & renouvellées tous les matins, entassées les unes sur les autres de la hauteur d'environ trois pieds. Après avoir franchi plusieurs de ces affreux passages, on trouve le roi assis dans un fauteuil assez riche, sous une espèce d'hangard, avec cinq à six femmes à terre à ses côtés, & vêtues de deux pagnes de velours bleu ou cramoisi, avec un bassin d'or à ses pieds, dans lequel il crache. Alors les trois commandans français, anglais, & portugais sont invités de s'asseoir dans des fauteuils qui leur sont préparés à dix pas, & en face du roi. Les français en tête à la droite, ensuite l'anglais & le portugais. Après les premiers complimens d'usage, le ministre vous propose de vous rafraîchir, & de boire à la santé du roi ; ensuite sortent d'une grande cour les troupes femelles par petits corps d'environ quatre-vingt à cent femmes, bien armées chacune d'un petit mousqueton, d'un petit sabre court dont le fourreau est ordinairement de velours cramoisi ; elles n'ont pour tout vêtement qu'une petite pagne de soie autour des reins, qui leur tombe jusqu'aux genoux. Ces femmes, ainsi armées, avec deux ou trois drapeaux de soie, marchent à quatre de hauteur à pas lents, dans la cour où est l'hangard du roi, avec leurs commandans. En s'approchant du roi, elles lui font trois saluts de leurs drapeaux.

Après quelques évolutions de leurs pays, le petit corps de troupe féminin se retire, & à l'instant il en paroît un autre armé de la même manière, qui observe la même cérémonie ; & enfin, il en succède trois ou quatre autres à chacun desquels le roi fait quelques préfens au chef , lorfqu'il trouve que la troupe a bien manœuvré. Toutes les femmes qui compofent ce petit corps de troupe n'ont guère plus de feize à dix-fept ans , à l'exception de quelques-unes qui les commandent.

Cette cérémonie dure plus de trois heures. A force d'être répétée , elle devient fort ennuyeufe pour les blancs qui font obligés d'y affifter. Mais ce fpectacle fatisfait la vanité du prince , en ce qu'il croit par-là donner une grande idée de fa puiffance. En fortant de cette corvée, on s'en va dîner chez foi avec grand plaifir ; mais toujours avec la vue falie en paffant dans la place , où ont été jettées les têtes coupées de la veille , là font affem- blés fept à huit cents hommes en différens pelotons avec chacun leur chef. Ces hommes fe réjouiffent , ils danfent , ils chantent , & le roi leur envoye plufieurs fois , le jour & la nuit même , des ancres d'eau-de-vie de vingt-huit à trente pintes chacune. Ce peuple ne dort guère tout le temps que dure la fête, qui eſt de dix-huit à vingt jours. Pendant ce temps il eſt facile de juger de l'énorme quantité d'eau-de-vie qui s'y boit.

A ces premières coutumes où j'aſſiſtois, il m'arriva une aventure fort inquiétante pour le moment : à minuit j'entends de ſi grandes décharges de coups de fuſil répétés ſans relâche, que je crus un inſtant qu'une armée ennemie étoit venue attaquer les Dahomets, & qu'ils étoient aux priſes; cependant par une ſeconde réflexion, je penſai que ce n'étoit qu'une mouſquetade vive, occaſionnée par la réjouiſſance du peuple aſſemblé. Mais cette idée calmante fit bientôt place à une plus inquiétante que la première ; j'entendis frapper à ma porte, & j'entendis auſſi un très-grand bruit de gens armés. Alors bien perſuadé que les Dahomets étoient vaincus, & que leurs ennemis venoient peut-être nous ôter la vie, je me jettai en bas de mon lit ; éveillai mes deux domestiques , qui couchoient dans ma case , & fis allumer une bougie. Le premier objet qui se présenta à moi , en ouvrant la porte , étoit le ministre du roi avec sa canne , ce qui me rassura à l'instant. Ses premières paroles furent de me demander de la part de son maître , si je connoissois de quel malheur il étoit menacé ? Ne sachant trop ce qu'on me demandoit , il entra heureusement dans ma case deux de nos Messieurs , qui me dirent que nous avions une éclipse totale de lune , que depuis trois quarts d'heure , tous les nègres assemblés avoient cessé leur fête , pour tirer force coups de fusil sur la lune cachée. Ce récit me mit au fait de ce qu'on me demandoit , & je fis dire au roi par son ministre , qu'il pouvoit être tranquille , & qu'il n'arriveroit rien de fâcheux ; que la lune alloit reparoître incessamment. Le temps étoit en ce moment très-clair, enfin ma prédiction vérifiée, tout rentra dans le calme. J'en reçus des complimens, & la fête recommença ; mon interprète me dit un inftant après, que la croyance de ces peuples étoit que, lorfque la lune fe cachoit en partie ou en totalité, c'étoit une preuve qu'elle étoit irritée contre le roi du pays.

Cette nation, & prefque toutes celles de la côte, ont la tête remplie de mille autres fuperftitions pareilles.

Après cet événement, la fête reprit fon cours, comme il vient d'être dit. Pendant cette fête les blancs font obligés de fe rendre tous les deux ou trois jours à de nouvelles invitations chez le roi, où l'on réitère les mêmes cérémonies que les premieres ; & tous les matins, en paffant fur la grande place pour s'y rendre, on voit à terre toutes les têtes d'hommes, qui ont fervi la veille à décorer les portes de ce prince, & que l'on jette, comme il vient d'être dit,

pour éviter la puanteur qu'elles occa-
fionneroient. Auffi-tôt qu'elles y font
jettées, il paroît une quantité d'oifeaux
de proie, que les blancs nomment
puants, parce qu'effectivement ils fen-
tent très-mauvais.

Ces oifeaux becquetent, & mangent
la chair de ces têtes, de manière qu'en
vingt-quatre heures il n'en refte que les
offemens ; il eft défendu, fous peine
de la vie, à aucun nègre d'en tuer :
les blancs font les feuls qui peuvent en
tirer pour s'amufer, ou pour en faire
des appâts aux loups. Ces oifeaux font
gros comme nos dindons, ils en ont
la forme ; mais le plumage un peu moins
noir.

Vers les derniers jours des coutumes,
le roi invite les trois commandans des
forts à dîner chez lui, non avec fa
perfonne, car il mange à terre fur un
tapis, & qui que ce foit, excepté les
femmes, ne le voit jamais manger. Il nous
fit donc dreffer une table à l'européenne,

mais servie de ragoûts détestables, qu'il croit accommodés à la manière des blancs, & qui consiste ordinairement en une fricassée de cinq à six poules très-dures & très-maigres, cuites dans l'eau avec un peu d'huile de palme & de sel.... Un plat de cinq à six poules roties suivent, brulées & desséchées, & d'autres incuites ; un troisième plat est composé d'un gros morceau de bœuf, un quatrième d'une moitié de cabri, avec aussi peu de soin. Enfin le seul plat dont les blancs mangent sans répugnance, est un ragoût de leur pays, que nous nommons *quiave* : il est fait avec de la farine de *maïs*, de l'huile de palme, de poule, de gibier, & différenres herbes fondues dans la sauce, relevé de pimans ; & pour boisson, quelques bouteilles de vin de ses cases, provenant des présens que lui font les blancs, & qui est presque toujours aigre, par le peu de soin qu'on prend de le tenir au frais ; mais on le remplace par le vin que chacun a apporté avec foi. Ce repas , qui tanteroit peu un gourmand , fe paffe néanmoins fort gaiement par les plaifanteries que chacun fait fur les talens du cuifinier. L'ufage eft d'inviter à ce dîner les fils du prince avec fon miniftre , les premiers n'ont pas la permiffion de s'affeoir à table , ni même fur une chaife des blancs ; le feul miniftre a cette prérogative , de forte que pendant le repas ces jeunes princes reftent affis à terre au pied de la table. Ils reçoivent à la main , fans couteau ni fourchette , les viandes qu'on leur donne à manger. Ces jeunes princes ne font abfolument rien dans le pays de leur père , & le voient rarement. On ne leur donne même aucun grade tant que le roi vît. On les éloigne foigneufement de la connoiffance des affaires du pays ; & ils font entretenus pauvrement, afin qu'ils ne puiffent former aucun parti en leur faveur. Mais lorfque le roi fe croit près de la fin de fa carrière, il en fait reconnoître un pour fon fucceffeur, qui eft nommé fans difficulté.

Je reviens au dîner, qui fe fait toujours fans indigeftion par les talens du cuifinier, quoiqu'il y ait à manger pour quarante perfonnes.

Deux jours après ce repas, on eft encore obligé de fe rendre chez le roi, & pour, cette dernière fois, être fpectateur de la marche de fes troupes femelles ; après quoi il fait fortir par une porte tout ce qu'il poffède dans fes cafes, & qui eft porté fur la tête d'autres femmes, comme en proceffion, les unes après les autres. Ces richeffes confiftant en corbeilles ou paniers de corail, d'étoffes d'or ou de foie, ou en argent, des balots de pagnes de foie & coton, quelques vafes d'argent, & généralement tout ce qu'il poffède.

J'ai vu à cette efpèce de proceffion jufqu'à des petits faints d'argent, que l'on place chez nous dans nos églifes,

& que sans doute les portugais leur avoient vendus. Toute cette ridicule cérémonie n'est sans doute faite que pour faire voir aux blancs sa prétendue puissance.

Délivré enfin de cette corvée, on n'en a plus qu'une à essuyer pour le lendemain, mais qui est la pire de toutes, parce qu'elle termine la fête par des actes de cruauté, plus effroyables que les premiers, & qu'on auroit peine à croire véritables, si malheureusement l'on n'étoit forcé d'en être témoin. Le dernier jour, le roi fait élever dans la grande place, tout près de ses cases, une espèce d'amphitéâtre de la hauteur de douze à quatorze pieds, sur lequel il fait porter dès le matin toutes les marchandises qu'il destine à faire jetter au peuple qui a assisté à l'anniversaire de son père. Ces présens consistent ordinairement en plus de quarante à cinquante milliers de cauris, espèce de petits coquillages (c'est la monnoie du pays) en corail, fiamoifes, mouchoirs chollets, pagnes de coton, fabres, raf-fades, pioches, haches, &c. Le tout ainfi préparé, le roi vient fur les trois heures après midi, par une porte de derrière, fur fon amphitéâtre, où les blancs font déja affemblés, ainfi que quelques grands du pays. Ce prince fe tient dans le fond affis dans un fauteuil fous un parafol qui peut mettre à l'ombre douze perfonnes; il eft d'une riche étoffe en or, garni de plumes d'autruches, & placé au-deffus de fa tête en forme de dais.

Ainfi placé, il n'eft point vu de fes peuples. Cinq à fix femmes font à fes côtés, les trois commandans des forts font affis prefque fur le devant de cet amphitéâtre, le miniftre debout, allant & venant prendre les ordres de fon maître.

Lorfque tout eft ainfi préparé, le roi s'avance fur le bord du théâtre fous fon grand parafol porté par des femmes; auffi-tôt le peuple ramaffé dans la place

au nombre de neuf à dix mille hommes, appercevant le roi, pouffe des
cris de joie & d'applaudiffement; car
c'eft le feul inftant où il fe montre au
public, qui ne le voit qu'une fois l'an:
il lui eft en ce moment préfenté par fon
miniftre une corbeille, où il y a un peu
de chaque efpèce de marchandife; il
en prend une ou deux poignées, qu'il
fe donne la peine de jetter négligemment
au peuple, & il fe retire dans fon fauteuil au fond du théâtre.

Auffi-tôt le miniftre vient inviter les
trois commandans à fuivre l'exemple
du roi, c'eft-à-dire, de jetter au peuple
les marchandifes amaffées en monceau,
autant & auffi long-temps que cela les
amufera; ce qui s'exécute à poignées
& à braffées, jufqu'à ce qu'on en foit
las. Enfuite c'eft le miniftre avec quelques
grands du pays, qui achève de jetter
tout ce qui refte de marchandifes: les
pioches & les haches font les dernières
jettées. A les voir, on croiroit qu'il

va

va en réfulter la mort de beaucoup de monde ; mais le peuple qui voit venir en l'air les pioches & les hâches dont il s'agit, a l'adreffe de former un vuide à l'inftant où elles font prêtes à tomber, & il les attrape d'une main, fans qu'elles tombent par terre.

Toutes les marchandifes ainfi jettées de l'amphitéâtre , il monte par derrière les portes dix à douze hommes, qui portent chacun fur leur tête un autre homme ployé en trois dans un petit panier à claire voie, d'environ trois pieds de long, & vingt pouces de large ; c'eft-à-dire, les jambes ployées fous les cuiffes ; & le ventre courbé par-deffus, avec un baillon dans la bouche. En cet état, ces malheureux font pré-fentés au peuple, qui fait des cris de joie à cette vue, autant que nous en ferions pour un homme fauvé d'un danger éminent. Après quelques balan-cemens que l'on fait de ces victimes, elles font jettées de l'amphitéâtre en

bas, où il y a toujours bon nombre de fa-
tellites armés de fabres très-courts, mais
larges de trois pouces & demi à quatre
pouces, avec lefquels ils coupent le
panier, & l'homme qui eft dedans,
prefqu'avant qu'il foit tombé à terre ;
les bourreaux fe barbouillent le vifage
du fang de ces victimes qui font deftinées, difent-ils, à aller fervir dans
l'autre monde le défunt pere du roi.

Ce jour de maffacre & de boucherie
eft le dernier dont les blancs ont à fupporter la vue. Le lendemain ils vont
demander au roi la permiffion de s'en
retourner chacun dans leurs forts. On
la leur accorde fans difficulté avec
chacun un préfent d'une jeune négreffe,
de deux grandes pagnes de foie & coton,
quelques bœufs ou cabris, & des cauris
pour payer leur dépenfe le long du chemin. Cette corvée eft la plus cruelle que
les commandans des forts aient à effuyer,
après laquelle chacun d'eux s'en retourne
dans fon établiffement.

Mœurs & religion des Dahomets.

CES peuples n'ont d'autre religion, qu'une forte d'idolatrie d'une abfurdité incroyable, mais qui tient en tout de la barbarie du fouverain. Leur principal Dieu (car ils croient en plufieurs) eft un animal du pays nommé Daboué, prefque de la forme d'un gros lézard, mais dix fois plus gros, de la longueur d'environ deux pieds, il rampe à terre avec des efpèces de pattes. Cet animal eft fort doux, & peu fuyard; il eft le Dieu qu'ils adorent & qu'ils révèrent le plus. Ils lui bâtiffent une cafe en terre telle que celles qu'ils habitent eux-mêmes. Ils en ont une à trois portées de fufil des forts, où l'on porte à boire & à manger à cet animal. C'eft toujours une confrairie de femmes qui eft chargée de ce foin ; nulle autre que celles qui font initiées dans cette confrairie , ne peut y toucher , non plus que les hommes , fans encourir la peine de mort, s'ils font dénoncés au capitaine fétiche , qui eft le grand prêtre , & qui fait exécuter les cérémonies de la religion à laquelle ils croient moins que les autres. Ce fripon, comme bien d'autres , profite de l'ignorance des peuples , pour tirer beaucoup de profit de fa place. Tous les ans il fait faire aux femmes & aux filles initiées dans la fétiche , une efpèce de proceffion ; il leur fait donner ordre de fe parer de leurs plus beaux ajuftemens pour le lendemain , & de fe rendre à la fontaine peu éloignée de la cafe du *Daboué* , avec chacune un petit pot en forme de vafe , pouvant contenir trois à quatre pintes d'eau , une petite bande de toile autour du front, comme les européennes deftinées à la confirmation.

Là le capitaine fétiche , après leur

avoir fait remplir leurs pots d'eau , & fait plusieurs simagrées , range toutes ses ouailles sur deux lignes bien égales , distantes de quatre à cinq pieds , leur pot sur la tête , & il les fait marcher dans le plus grand silence à la vue du peuple assemblé. Ils vont droit à la case du dieu *Daboué* , où arrivés il fait faire des espèces de libations d'eau , d'huile de palme , & de farine de maïs , & laisse à boire & à manger à l'animal. Ensuite on part de là , dans le même ordre de cérémonie , à pas lents ; cette marche qui dure plus d'une heure , les conduit sous quelques gros arbres qui sont eux-mêmes arbres de fétiches ; ils sont révérés du peuple , & personne n'oseroit les couper , sans craindre les plus grands malheurs pour le pays.

Arrivées sous ces arbres , les femmes de fétiches font chacune un présent au grand prêtre qui vient de les conduire , pour le remercier de sa protection auprès du dieu *Daboué*. Après quoi l'on se fait apporter à manger & à boire, & l'on danse, & l'on chante le reste du jour & de la nuit suivante. Il est recommandé aux blancs, lorsqu'ils rencontrent le *Daboué* dans le fort ou ailleurs, de ne lui faire aucun mal, ni même de le toucher ; mais de faire appeller une femme de fétiche, & de le lui remettre entre les mains. Cependant cela n'empêche pas que plusieurs de nos français y ont touché, & les ont remis entre les mains des femmes, sans qu'ils en aient été réprimandés ; mais il est très certain qu'il ne faudroit pas s'aviser d'en tuer un, si on ne vouloit se faire lapider. Le capitaine fétiche est réputé ne rien ignorer; ce qu'il doit savoir le mieux, c'est qu'il est un maître fripon. Il est souvent consulté sur ce qu'il y a à faire dans des circonstances critiques ; soit pour appaiser la colère de leur dieu, soit enfin pour se procurer ce qu'ils defirent ; & ce fourbe, plus adroit que ce peuple imbécille, ne manque jamais d'employer des cérémonies myftérieufes, pour fe donner plus de crédit.

Par exemple, pour fe rendre le dieu de la mer favorable, & pour qu'il faffe venir beaucoup de navires dans la rade de Juda, & qu'il attire beaucoup de commerce chez eux, ils font dans l'ufage de facrifier à ce dieu de la mer deux hommes par an, qu'ils envoyent jetter fur la barre de grand matin. Ces malheureufes victimes ne tardent pas à fervir de déjeûné aux requins & aux requiems : ces derniers font ceux qui ont dix-fept à dix-huit pieds de long, avec quinze à feize rangs de dents & qui peuvent avaler un homme tout entier fans le couper ; ce que les autres requins ne peuvent faire qu'à plufieurs reprifes.

Enfin les dahomets ont quelques autres actes de religion auffi barbares, &

dont le motif n'eft pas toujours connu des blancs : en voici un exemple.

Un jour fortant de grand matin, je trouvai , à une portée de fufil du bord du chemin, une jeune & belle négreffe de quinze à feize ans , à genoux , atta- chée par le corps à un fort piquet. Elle venoit d'être étranglée ; je retournai auffi-tôt au fort ; j'interrogeai mon maître de langue qui étoit judaïque de nation , fur ce qui pouvoit avoir donné lieu à cette horrible action, & qui pou- voit avoir donné l'ordre de l'exécuter ; mais j'eus beau répéter mes queftions , je n'en pus rien apprendre. Mon maître de langue me dit qu'il n'en favoit rien lui-même ; mais d'un air d'embarras qui m'annonçoit affez qu'il y avoit trop de rifque pour lui à me dire la vérité. Effectivement la moindre indifcrétion fur ce qu'il eft défendu de dire, même de s'entretenir entr'eux des affaires du pays , coûteroit la tête à celui qui en feroit convaincu. Les blancs , fans courir les mêmes rifques, font obligés néanmoins à beaucoup de circonfpec- tion fur les affaires du pays.

A un quart de lieue des forts, les *dahomets* ont encore un dieu Priape, groffièrement fait en terre avec fon principal attribut, qui eft énorme & exagéré à proportion du refte du corps. Les femmes principalement lui vont faire des facrifices, chacune felon fa dévotion & la demande qu'elle a à lui faire.

Cette mauvaife ftatue de grandeur d'homme eft fous un comble de cafe, qui la met à couvert de la pluie.

Indépendamment du culte des *da- homets*, qui vient d'être décrit, chaque nègre a chez lui fa fétiche particulière, qu'il confulte avec des petits chandeliers de fer à plufieurs branches, des petites boules rondes mifes en plufieurs tas, qu'il recompte plufieurs fois. Sa manière d'agir reffemble affez à celle de nos fuperftitieufes tireufes de cartes.

Comment ces peuples élevés dans la plus profonde ignorance ne seroient-ils pas superstitieux ? les portugais le font à l'excès dans le pays. Puisque des prêtres de cette nation se disposant à aller dire la messe, ont soin, avant leurs actions de galanterie, de couvrir d'un mouchoir ou d'un morceau d'étoffe les images qui peuvent se trouver dans la chambre, afin qu'elles ne voient point le délit. Cette action, disent-ils, n'est qu'une pécadille, & à la mer, on les voit, lorsqu'un navire est surpris de mauvais temps, adresser des prières à un petit saint Antoine de bois, qu'ils embarquent toujours avec eux, pour qu'il leur accorde du beau temps.

Après cette prière réitérée, si le beau temps ne vient point, ils mettent une corde au col de saint Antoine, & le jettent à la traîne du navire. Enfin, après le mauvais temps succède le beau ; alors ils retirent le petit saint, le lavent bien, lui mettent ses plus beaux habits, lui adreſſent de nouvelles prières, & lui demandent de leur pardonner, s'ils en ont uſé ainſi, mais ils lui diſent que c'eſt ſa faute de ne leur avoir pas accordé du beau temps. Enſuite ils vont très-dévotement le remettre dans ſa niche.

Commerce du pays des Dahomets.

LEUR principal & prefque leur feul commerce eft celui des efclaves, qu'ils vendent aux capitaines des navires qui traitent à terre & quelque peu dans les forts, pour fe procurer toutes les marchandifes dont ils ont befoin, ou dont ils n'ont pas befoin ; car le pays produit tout ce qui eft effentiellement néceffaire à la vie. Les marchandifes d'Europe confiftent principalement en cauris, qui eft la monnoie du pays : c'eft une petite coquille que nous tirons des ifles maldives. Les bords de la mer en font couverts. Cette monnoie a cours non-feulement chez les dahomets, mais dans toutes les terres des environs ; tout fe vend dans les marchés en cauris, c'eft la marchandife avec laquelle on traite de

préférence les plus beaux captifs. Chaque navire en apporte trente ou foixante,
& jufqu'à quatre-vingt milliers pefant
Ils fe vendent tous au compte, & non
au poids ; par cette raifon les plus petites
font les plus profitables pour les négo-
cians. Cependant on ne traite pas une
cargaifon entière avec cette feule marchandife. Il faut y joindre un afforti-
ment qui confifte en quinze à dix-huit
cents barils d'eau-de-vie de vingt-huit
à trente pintes chacun, du fer plat en
barre, de la poudre à canon, des fufils, des pierres à fufils, de la fiamoife,
des toiles bleues, des mouchoirs, pièces
de ganipeaux, des bajutapeaux, & prefque toutes nos étoffes de Rouen.

Les feuls navires portugais font toutes
leurs traites en tabac de Brefil, en rouleaux de foixante-quinze livres pefant,
que l'on nomme *rolle*, & dont il ne
donne que fix à fept rouleaux pour un
captif de choix, & quatre à cinq pour
une jeune négreffe de quinze à feize

ans. Ce qui leur fait un commerce très-fructueux, dont il fera parlé ci-après.

Chaque navire, pour avoir la permiffion de faire fa traite à Juda, paie au roi une coutume en marchandife de la valeur de huit à dix captifs, fuivant la grandeur du navire. Enfuite il ouvre fa traite, & fi-tôt qu'il a huit à dix captifs hommes, femmes ou enfans, il les envoie à fon bord; lorfque fa traite eft un peu abondante, & c'eft l'affaire de trois mois, pour l'expédier, & quelquefois moins ; mais lorfqu'elle ne l'eft pas, ou qu'il fe trouve trop de concurrens à traiter enfemble, ils reftent quelquefois fept à huit mois pour finir leur traite. Ce qui caufe ordinairement une mortalité affreufe parmi ces cargaifons, dans la traverfée qui eft de quatre à cinq mois pourfe rendre à nos ifles de l'Amérique; ce retard forme fouvent en totalité plus d'une année, pendant lequel ces malheureux reftent à bord les fers aux pieds, & la nuit dans un entre-pont, qui n'a que trois pieds & demi, ou quatre pieds de hauteur, preſſés horriblement, d'ailleurs mal nourris, & toujours dans la crainte d'être mangés par les blancs. La principale maladie dont ils meurent preſque tous, eſt le *ſcorbut*, qui eſt occaſionné tant par le long ſéjour à la mer, que par la mauvaiſe nourriture, qui ne conſiſte qu'en groſſes fèves de marais ſéches, avec un peu d'huile de palme qui augmente encore cette maladie, d'autant que ſa ſubſtance groſſière & farineuſe épaiſſit le ſang. Que l'on imagine la dépopulation dont les européens ſont cauſe dans cette partie du monde, par l'infâme commerce qu'ils y font, & ſur lequel j'aurois deſiré pouvoir tirer le rideau, & me le cacher à moi-même; mais puiſque j'ai entrepris de dire la vérité ſur tout ce qui ſe paſſe à cette côte, je ne crois pas devoir cacher au lecteur d'autres actes de cruauté non moins inouis, dont j'ai déja tracé quelques parties qui révoltent la nature,

& dont le malheureux trafic qu'on fait dans ces contrées, est la seule cause; je l'ai malheureusement fait moi-même. Grand dieu ! il n'y a que votre bonté infinie qui puisse me le pardonner , j'étois alors entraîné par le mauvais exemple ; je regardois cela comme permis, sans faire attention que des maximes d'état sont souvent contraires aux saintes loix que vous avez gravées en naissant au fond de nos cœurs , de ne jamais faire à nos semblables pire traitement que celui que nous voudrions qu'on nous fît , & bien mieux de faire aux autres le bien que nous voudrions qui nous fût fait.

Pour dévoiler davantage au lecteur tous les forfaits dont les européens sont cause à la côte d'Afrique , je vais en rapporter plusieurs qui font horreur , & que tous ceux qui ont séjourné au fort saint-Louis de Gregoy à Juda attesteront conformes à la plus exacte vérité.

Le roi des dahomets a quatre à cinq marchands

marchands à *Gregoy*, qui ne vendent
que pour lui le produit des pillages qu'il
fait faire chez fes voifins, & quelquefois
chez fes propres fujets, ou enfin des
prifonniers qu'il a faits à la guerre. Les
autres marchands vendent les captifs
qui leur font amenés de plufieurs parties
de l'Afrique par commiffion, ou pour
leur propre compte. Ces captifs ont fouvent déja été vendus fept à huit fois de
marché en marché, avant que d'arriver
à Gregoy. Quand ces captifs arrivent, les
marchands font appeller les blancs pour
les leur vendre; mais comme ils favent
très-bien que les capitaines des navires
n'aiment point à fe charger de femmes
qui ont des enfans encore à la mamelle,
par l'inconvénient des cris & de la fa-
leté de ces enfans, ils les font périr.

Elles ont fi peu de place dans le navire, qu'il n'eft pas poffible que les autres femmes ne fe trouvent falies des ex-
crémens de ces petites créatures. Cela
produit des querelles fans fin entre les

O

femmes efclaves , & c'eft par cette raifon que les capitaines ne veulent point de ces captives femelles , que les enfans n'aient atteint au moins l'âge de trois ou quatre ans. Ce qui fait que les marchands n'héfitent point de fe livrer à des actes de cruauté inconnus aux nations les plus fauvages de l'Amérique, ce que tous les capitaines ignorent , & que je n'ai découvert moi-même qu'à mon dernier voyage dans le pays , & même, ce ne fut que par hafard.

J'allois un jour chez un marchand, où je fus appellé ; on me préfenta plufieurs captifs ; entr'autres une femme de vingt à vingt-deux ans , fort trifte, abimée dans la douleur , le fein un peu pendant, mais plein , ce qui me fit foupçonner qu'elle avoit perdu fon enfant. Je le fis demander au marchand , il me répondit qu'elle n'en avoit point. Comme il étoit défendu à cette malheureufe femme de parler fous peine de la vie , pour mieux m'affurer de fon état, je m'avifai de lui presser le bout du sein, duquel il sortit du lait, assez pour m'apprendre que la femme nourrissoit.

J'insistai à dire qu'elle avoit un enfant, & le marchand le nioit toujours; impatienté cependant de mes instances, il me fit dire qu'au reste cela ne devoit point m'empêcher d'acheter la femme, parce que le soir son enfant seroit jetté aux loups. Je restai interdit, j'étois prêt à me retirer, pour me livrer à mes réflexions sur cette action horrible; mais la première idée qui me vint à l'esprit, fut que je pouvois sauver la vie à cet enfant. En conséquence, je dis au marchand que j'achéterois la mère, aux conditions qu'il me livreroit l'enfant. Il me le fit aussi-tôt apporter, & je le remis à l'instant à sa mère, qui ne sachant comment me marquer sa reconnoissance, prenoit de la terre avec sa main, & se la jettoit sur le front.

Quoiqu'en cette occasion je n'aie fait que ce que toute ame honnête auroit fait à ma place, je me retirai avec un sentiment délicieux, & cependant mêlé d'horreur ; mais j'étois si satisfait, que je n'ai jamais éprouvé de semblable satisfaction.

Arrivé au fort, j'interrogeai mon interprète, pour savoir si ce que je venois d'entendre étoit bien véritable. Non-seulement il me l'assura, mais encore il m'apprit que de tout temps, l'usage des dahomets avoit été de jetter de nuit aux loups les enfans à la mamelle. Parce que les capitaines les refusent, & qu'ils ne pourroient trouver à se défaire des mères qui leur resteroient en pure perte. Quelque temps après j'éprouvai chez un autre marchand la même aventure, j'achetai encore la mère & son enfant, que je fus obligé de garder, & de nourrir au fort tout le temps que j'y suis resté. Cependant, comme ce crime étoit réitéré presque tous les jours, je fus obligé de m'abstenir d'aller chez les marchands, parce que ma fortune n'auroit pu suffire à ces bonnes actions.

D'après ce qui vient d'être dit, est-il possible de douter que ce ne soit pas à cet horrible commerce qu'on doit attribuer les actes de cruauté que j'ai détaillés, & auxquels j'ajouterai ce qu'on va lire, & qui est dans la plus exacte vérité.

S'il se vend dans toute la côte d'Afrique quarante à quarante-cinq mille esclaves par an, qui proviennent partie des prisonniers faits à la guerre, partie de pillages, il faut calculer que les chefs de toutes ces nations, pour se procurer les quarante - cinq mille captifs dont il s'agit, en font tuer un nombre infini, les plus agés sont toujours égorgés, & les autres malheureux ne se rendent qu'après s'être bien défendus ; ainsi, c'est donc encore les européens à qui il faut attribuer cette destruction d'hommes, de femmes, d'enfans, & de vieillards. Ajoutez à cela la prodigieuse quantité de nègres, qui meurent dans les navires par la longueur des traverſées d'Afrique en Amérique, par leur mauvaiſe nourriture, & le cha-grin qui achève de les tuer.

Un dernier motif de deſtruction de la moitié de ces malheureux captifs, c'eſt qu'après avoir été ſept à huit mois en mer, quelquefois dix mois les fers aux pieds, en arrivant dans nos iſles, ils ſont vendus, & envoyés auſſi-tôt à un travail forcé.

On ne force point l'expreſſion, en diſant qu'il n'arrive point de captif en Amérique, qui n'ait coûté beaucoup d'autres individus à la nature humaine. Et ce ſont des hommes, des français qui ſe diſent chrétiens, à qui l'intérêt fait commettre de pareils forfaits ! Les plus coupables ſeroient les ſouverains, ſi connoiſſant ces horribles détails, ils n'interdiſoient pas à leurs ſujets le droit d'être des ſcélérats. Triſte incon-ſéquence de nos loix ; elles condamnent à la mort une infortunée, dont l'ame eſt honnête, puiſqu'elle eſt ſenſible à la honte, & qui, forcée de commettre un crime, en eſt la première ſuppliciée par l'horreur de le commettre ; & ces mêmes loix autoriſeroient un commerce, qui ne peut ſe faire ſans multiplier à l'infini des forfaits plus grands encore, car le motif en eſt vil. En effet , de quel droit nous arrogeons-nous celui d'aller arracher nos ſemblables à leur patrie ? d'y cauſer des maſſacres & des guerres perpétuelles ? de ſéparer les meres de leurs enfans, les maris de leurs femmes ? d'être cauſe , par notre avidité à acheter ces malheureux, que les vieillards qui ne ſont plus d'âge à être vendus ſoient égorgés & maſſacrés dans les pillages aux yeux de leurs enfans ? que les enfans nouvellement nés ſoient la nuit, jettés aux loups , afin que la mere ne ſoit pas refuſée des capitaines de navires en traites ? Ceci ſe paſſe à Juda.

N'eſt-ce pas encore la barbarie de ce commerce infâme qui eſt cauſe de la mortalité prodigieuſe de ces malheu-

reux à bord des navires, par le long séjour qu'ils y font les fers aux pieds, &
par la misérable nourriture de féves de
marais féchées qu'on leur donne ; enfin,
par le travail le plus dur que la majeure
partie de nos habitans d'Amérique exigent
d'eux en arrivant, fans les laiffer repofer d'une fi longue traverfée ? Si l'on ré-
capituloit la deftruction dont ce commerce abominable eft caufe, & qu'on
pût faire parvenir la vérité au pied du trône, qui pourroit douter un inftant que la
bonté du cœur de notre fouverain n'or-
donnât pas auffi-tôt la deftruction de cet
odieux commerce ?

Si l'on m'objecte que l'églife le permet, que par cette raifon il ne peut être
criminel, & qu'elle l'a fait dans la vue
de tirer ces peuples de l'idolâtrie, & d'en
faire des chrétiens, je répondrai que
c'eft qu'alors l'églife n'a pas connu l'im-
poffibilité de réalifer fes vues : car fi on
fait réellement quelques chrétiens de
ces captifs en Amérique, qui viennent

d'Afrique, c'est plutôt profaner la religion que la faire respecter, parce que ces négres n'apprennent jamais assez de notre langue pour concevoir quelque chose de ce qu'on veut leur enseigner. Ils n'en comprennent pas plus que si on leur parloit mathématiques óu astronomie. De maniere, qu'à quelques simagrées près, ils vivent & meurent dans la plus profonde ignorance des devoirs de l'homme & de l'adoration pure de l'Etre suprême. Il est bien, sans doute, de baptiser les enfans négres qui naissent en Amérique, parce qu'il est possible de les faire instruire dans notre religion (quoique nos habitans ne s'en donnent guères la peine); mais pour tous ceux qui arrivent d'Afrique, hommes faits, c'est une chimère de prétendre les rendre meilleurs qu'ils n'étoient dans leur pays.

Celui donc qui peut approcher du trône, & qui seroit assez ami de l'humanité, pour présenter au souverain ces tristes vérités, feroit la plus belle ac-

tion de fa vie ; quelque vertueux qu'il
fût, il fe couvriroit d'une gloire immor-
telle.

Le gouvernement, fans doute , s'il a
fous les yeux tous ces exemples, ou
s'il en étoit bien perfuadé, défendra ce
commerce, d'autant plus , qu'il paroît
facile de prouver que nos colonies de
l'Amérique, en moins de quinze ans,
pourroient fe paffer de la traite des
noirs, par de fages réglemens à faire
dans nos ifles, je vais en parler ci-
après.

On dit qu'il vient d'être préfenté un
mémoire, à la chambre des communes
en Angleterre, pour demander la fup-
preffion du commerce des négres. Si
cette demande eft accordée, de quelle
gloire ne fe couvriroit pas ces protec-
teurs du genre humain ? Et ceux qui
l'auroient accordée auront l'honneur
d'en donner l'exemple aux autres nations de l'Europe.

L'on eft furpris que depuis un fiècle

qu'on introduit , année commune ,
trente ou trente-cinq mille noirs dans
nos colonies de Saint-Domingue, la
Martinique, la Guadeloupe, Sainte-Lu-
cie, &c. & le calcul est effrayant, on
soit encore dans la nécessité d'envoyer
en Guinée pour en chercher , & que nos
colons en manquent continuellement.
A la première inspection cela paroît
surprenant ; mais lorsque l'on fera attention à ce qui se passe dans ce pays,
la surprise cessera.

Lorsqu'un navire négrier arrive dans
une de nos isles de l'Amérique, il fait
aussi-tôt la vente des hommes, femmes
& enfans, ainsi que des malades. Chaque
habitant vient en acheter suivant ses besoins, ou suivant ses facultés ; chacun
conduit chez lui son acquisition. Les
malheureux négres ne sont pas plutôt
arrivés à l'habitation, qu'on les envoie
dès le lendemain au travail, comme s'ils
étoient naturels du pays, ou comme s'ils
venoient de faire une promenade. Mais,

fatigués de la mer, presque toujours exténués, & peu accoutumés aux vivres du pays, il en tombe une partie malade, & ils meurent souvent la première année.

Lorsque l'on fait des représentations à un habitant, sur sa précipitation à envoyer ces nouveaux débarqués au travail, il répond froidement & inhumainement, que ses terres sont ses revenus, qu'elles souffrent de n'avoir pas assez de travailleurs pour les cultiver ; qu'au reste, pourvu que son négre nouvellement acquis lui dure un an, qu'il lui gagnera sa tête, c'est-à-dire ce qu'il lui a coûté.

Voilà donc une premiere cause du peu de population dans nos isles ; la seconde est encore plus sensible.

La majeure partie des colons n'aiment point à voir leurs négresses devenir enceintes, parce que dans les derniers mois de leur grossesse, & après leurs couches, elles font moins de travail ; par cette raifon, ils ne cherchent point à les marier avec les négres de leurs habitations : & par ce mauvais ufage les négreffes courent avec les négres des habitations voifines les dimanches, & par la multiplicité d'hommes qu'elles voyent, ne font point ou que peu d'enfans.

Ce manque d'ordre eft une deuxième caufe du peu de population dans nos ifles. Il ne faudroit pour y remédier que fuivre l'exemple de quelques riches & refpectables habitans, fages & humains par inclination ; mais ils y font malheureufement en très-petit nombre. Voici donc comme ils fe conduifent, & il faudroit contraindre les autres à fuivre un exemple, qui certainement établiroit la population dans moins de quinze à vingt ans.

L'habitant riche & humain a attention, lorfqu'il achete les négres dont il a befoin, de commencer par les vêtir de

chemifes, veftes & culottes. Il les fait
enfuite faigner & purger fuivant le befoin ; & loin de les envoyer au travail
auffi-tôt leur débarquement , il commande à fes conducteurs de travaux
de n'exiger d'eux aucune forte de travail, de les laiffer promener pendant cinq
à fix femaines, afin qu'ils puiffent fe repofer & s'aclimater. Alors il eft rare que
ces captifs , bien traités & qui vont voir
journellement travailler leurs camarades, ne demandent pas d'eux-mêmes à
s'occuper ; alors on le leur permet par
forme d'amufement , mais fans exiger
d'eux aucune tâche.

C'eft par un traitement fi doux & fi
raifonnable que ces négres s'aclimatent,
& qu'après trois ou quatre mois de fé-
jour dans nos ifles, ils y font comme
naturels du pays ; après quoi ils travaillent comme les autres , fans être fur-
chargés. Par ce moyen cette habitation
ne perd pas deux négres, lorfque fes
voifins plus avides en perdent neuf à

xix. Un troisième moyen dont le colon respectable se sert, c'est de ne jamais acheter des négresses qu'il ne les marie aussi-tôt avec ses négres. De ces mariages, il naît des enfans créoles forts & vigoureux, qui s'attachent à l'habitation & à leurs maîtres. De-là il est facile de juger que par une telle conduite cet habitant n'a pas besoin, ou très-rarement d'acheter des négres d'après sa manière de se conduire en bon pere de famille , & c'est d'après cet exemple qu'on pourroit former des loix pour le reste des colons qui se conduisent d'une manière si opposée & si contraire à l'humanité.

Voilà, je crois, assez de raisons pour prouver combien le commerce des négres est horrible.

Je reviens au pays des *dahomets*; le prince qui les gouverne est parvenu par son affreux despotisme , par ses pillages sur ses propres sujets, à dépeupler si fort son pays, que ses voisins , les *judaïques*,

en 1763, malgré leur peu de bravoure,
se sont si bien apperçus de la foiblesse
de leurs ennemis, qu'ils se sont liés
avec un corps de Minois, & ont osé tenter de venir reprendre leur ancien pays,
d'en chasser les dahomets, & ils auroient indubitablement réussi, s'ils se fussent mieux comportés, & eussent mon-
tré plus de courage.

Ils vinrent, le 12 juillet, en un corps
d'armée, joints aux minois, au nombre
de huit à neuf mille hommes; on les
apperçut à huit heures du matin, dou-
blant la pointe d'un bois. Aussi-tôt
Yavogan, le gouverneur des dahomets,
fir battre le tambour de guerre, rassem-
bla à la hâte son monde, qui montoit
au plus à huit ou neuf cens hommes. Il
me fit demander trois barils de poudre,
& me fit prier d'être spectateur dessus
ma galerie de la manière dont les dahomets s'alloient battre. Il ne croyoit pas
alors avoir affaire à si forte partie;
néanmoins il marcha avec son monde
au-devant

au-devant de l'ennemi, qui s'étoit avancé à une portée & demie de canon du
fort français.

A mesure qu'ils arrivoient, ils se ran-
geoient en corps de bataille, avec les
drapeaux ou pavillons déployés à la tête
de chaque corps, & chaque chef sous
un grand parasol. Ainsi rangé, notre
Yavogan alla se poster vis-à-vis l'ennemi, avec ses huit à neuf cens hommes,
à qui il défendit de tirer les premiers,
défense sans doute mal vue & mal rai-
sonnée, qui lui coûta cher, puisqu'il es-
suya le premier feu de huit à neuf mille
hommes, qui tous avoient leurs fusils
chargés de deux balles de fer & de trois
chevrotines ; ils lui tuerent dans les
deux premières décharges la moitié de
son monde, & quoiqu'à la première il
fît un feu fort vif, il ne put tenir plus
d'un quart-d'heure, parce que l'ennemi
voyant sa petite troupe réduite à un peloton de trois ou quatre cens hommes,
dont la moitié étoit blessée, chercha à

les envelopper, en faifant marcher enfemble l'aîle droite & l'aîle gauche, en
forme de croiffant, pour parvenir à en-
fermer les débris de cette petite troupe;
mais Yavogan, quoique percé de deux
balles dans la chair des cuiffes, s'étant
apperçu de leur intention, & quoiqu'il
ne fût pas dans l'ufage de jamais fuir,
cependant, en cette occafion, il fut
obligé de fe reployer avec tout fon
monde fur notre fort. Je fis alors ouvrir le guichet de la porte, pour laiffer
entrer les bleffés & Yavogan; il monta
à mon logement, les bleffés refterent
dans la cour du fort, & je fis refter en
dehors, mais en dedans du foffé, le long
de la courtine, tous ceux qui étoient en-
état de faire le coup de fufil, fi le combat recommençoit.

Après quoi l'armée ennemie refta un
quart-d'heure, affife à terre, fans agir,
& chaque chef fous fon grand parafol
avec fon monde, à délibérer fur ce qui
leur reftoit de mieux à faire. Et c'eft

pendant cette délibération qu'un petit capitaine de guerre des dahomets, arrivant
des bords de la mer avec trente hommes,
fit une action de bravoure bien extraordinaire; il s'avança avec ſes trente hommes dans le gros de l'armée, occupée
à terre à délibérer ſur leur opération ;
il reconnut dans un cercle le général,
fils du roi *Champeaux*, à pluſieurs morceaux d'or travaillé que ce général avoit
attachés à ſes cheveux; auſſi-tôt il fon-
dit bruſquement & avec furie ſur lui, &
lui coupa la tête, pendant que ſes trente
hommes, qui n'avoient pas d'abord été
reconnus, ſe faiſoient hacher par ceux
qui entouroient leur général. De ces
trente hommes il ne ſe ſauva que le ſeul
coupeur de tête du général. Il trouva le
moyen de regagner les ſiens, ſous le canon de notre fort, mais avec huit à dix
coups de ſabre ſur la tête & ſur le corps,
dont un lui découvroit tout l'os du bras
droit; il avoit reçu deux coups de fuſil,
dont un dans le ſein, qui avoit coulé le

long des chairs, & un autre qui lui avoit
jetté un œil hors de la tête, de manière
qu'il eſt difficile de concevoir comment
ce petit capitaine de guerre n'avoit pas
été forcé de quitter la tête qu'il venoit
de couper ; néanmoins il ne mourut que
quatre heures après ſa victoire.

Enſuite la réſolution de l'armée ennemie fut d'aller mettre le feu au camp
ou village des dahomets, où ils ne trou-
verent ni femmes ni enfans ; ils s'étoient
tous réfugiés , partie dans notre fort
& partie dans le fort portugais. L'armée
revint faire feu ſur notre fort & ſur le
reſtant des dahomets, placé ſous la
courtine du fort. Alors je fus obligé de
tirer ſur eux le canon de nos baſtions ;
mais comme malheureuſement je n'avois
point de balles , & preſque point de
boulets, je fus obligé de faire reſſource
d'une barrique de grands clous qui me
reſtoient dans les magaſins pour en faire
de la mitraille. Les premiers coups ne
les incommodèrent pas beaucoup, parce

qu'ils étoient trop éloignés pour être atteint de cette qualité de mitraille qui ne
porte pas fort loin; mais s'étant approchés
plus près, pour reconnoître s'ils ne pourroient pas s'emparer du fort, il furent
plus maltraités. Un peloton s'étoit appro-
ché près d'un mauvais petit bastion, qui
n'étoit bâti qu'en terre, & qui menaçoit
ruine; ils s'en seroient emparés, si on
n'y avoit tiré de gros canons; ce fut
la face de ce bastion qui leur fit le plus
de mal, puisque le dernier coup qui
fut tiré leur tua huit à neuf hommes,
dont les clous avoient dispersés les
membres. Ce combat, dura près de
quatre heures. Il n'y avoit à craindre que le feu dans le fort, parce que
toutes les couvertures des bâtimens sont
recouvertes en paille; & rien n'étoit plus
facile, si nous eussions eu affaire à un
ennemi plus expérimenté & mieux ins-
truit, ou qui n'eût pas perdu la tête.

Cela leur étoit d'autant plus aisé qu'ils
avoient dans leur armée un petit corps

de troupes auxiliaires de deux cens
hommes, qui n'avoient d'autres armes
que leurs carquois & des flèches ; il
n'étoit donc queſtion que de mettre dans
un papier ou dans un linge une petite
poignée de poudre avec un bout de
mèche allumée, attachée à une flèche,
& de l'envoyer dans nos couvertures,
qui dans un inſtant auroient embraſé
tout notre fort. Ils nous auroient obligés
d'en ſortir, avec cent cinquante ou deux
cens hommes, pour chercher à gagner
le fort anglais, qui n'en eſt éloigné que
d'une portée de carabine. Si ce malheur
me fût arrivé, notre dernière reſſource
étoit de former un petit bataillon quar-
ré, la bayonnette au bout du fuſil, pour
gagner le fort anglais, qui d'ailleurs auroit favoriſé notre retraite par ſon canon. Enfin, un quart-heure avant que le
combat finit, Yavogan, bleſſé & retiré
dans notre fort, voyoit tout ce qui ſe
paſſoit au dehors, car il étoit dans mon
logement, & même à portée de parler à

ſes gens, placés ſous la courtine ; il me
fit prier de faire ouvrir le petit guichet
de la porte du fort, parce que ſes ſoldats non-bleſſés, avec un chef, vou-
loient faire une ſortie ſur l'ennemi.
Comme j'ignorois ce qui ſe paſſoit de ce
côté, je lui fis repréſenter qu'avec ſi
peu de monde qui lui reſtoit, il alloit
tous les ſacrifier ; mais il inſiſta ſi fort
& ſi long-temps que je fus obligé de
me rendre à ſa demande.

Je le fis, avec la précaution qu'exi-
geoit la circonſtance ; j'avois, avant l'attaque, fait placer ſous le paſſage de la
porte du fort, en dedans, deux petits canons chargés à mitraille, afin que ſi on
tentoit de forcer le petit guichet je puſſe
faire tirer deſſus. Alors, la groſſe clef
à la main, je me rendis moi-même avec
deux hommes forts à mes côtés, pour
refermer le guichet ſi l'on tentoit à le
forcer. Il le fut cependant, auſſi-tôt qu'il
fut entr'ouvert, non par l'ennemi, mais
par les dahomets du dehors, qui ve-

noient de couper fur le champ de bataille les têtes des hommes que notre canon venoit de tuer , & qu'ils defiroient
mettre en fûreté , pour les aller porter
le lendemain au roi, qui ordinairement
les paye.

Enfin , le premier objet qui fe préfenta devant moi, fut le brave petit capitaine qui s'étoit fait hacher avec fes
trente hommes ; il portoit une tête dans
chaque main ; il entra avec tant de précipitation, qu'il me les porta au vifage.
L'état où cet homme étoit en ce moment étoit encore plus affreux que les
deux têtes qu'il tenoit par la chevelure.
Il avoit un œil hors de la tête qui n'é-
toit pas entièrement tombé ; une balle
lui traverfoit les chairs de l'eftomac,
quatre ou cinq coups de fabre fur le
corps, dont un lui découvroit l'os du
bras droit , le vifage & le corps couverts de fang , écumant de rage, ne fe
connoiffant plus lui-même, ni fon état.
Il fut fuivi de vingt ou trente autres

négres, chargés, comme lui, d'une ou deux têtes à la main, qu'ils vinrent déposer à ma porte pour me faire honneur.

L'inſtant d'après, il fut véritablement queſtion d'une ſortie ſur l'ennemi, qui alors s'enfuyoit, & voici pourquoi.

Le roi des dahomets, ayant appris la veille de cette affaire, par des coureurs, que nous devions être attaqués le lendemain, fit partir auſſi-tôt une petite armée de quatre mille hommes, commandée par ſon grand général *Agaou*, avec ordre de marcher toute la nuit ſans s'arrêter pour venir au ſecours de ſon *Yavogan* & du nôtre. A une heure & demie après - midi, cette petite armée n'étoit plus qu'à deux lieues des forts ; & quand les ennemis en eurent connoiſſance, le déſordre ſe mit parmi eux ; le ſeul nom d'*Agaou* les fit tellement trembler, que chacun prit la fuite pour gagner ſon pays ; & pour être plus leſte à la courſe, pluſieurs jetterent leurs fufils en chemin ; ceux qui favoient nager gagnerent la rivière, & les autres les bois par où ils étoient venus, ce qui fit faire la fortie, pour fuivre les fuyards, qu'ils n'atteignirent pas ; mais le général Agaou ayant appris la fuite de l'ennemi par les coureurs, au lieu de venir au fort, fçut leur couper le chemin dans le bois par où ils s'enfuyoient, & comme ils avoient ordre de ne point faire de prifonniers, mais de tuer, il réuffit auffi à couper quatre ou cinq cens têtes. Après que les ennemis furent retirés chez eux, le roi des dahomets fit promener dans un grand baffin la tête du général judaïque par-tout fon pays, pendant plus d'un mois, quoiqu'elle fentit très-mauvais. On donnoit à boire à tous ceux qui la venoient voir. Cette tête coûta la vie à trente des plus braves du pays, & il ne nous fut pas permis de faire enterrer ceux qui avoient été tues fur le bord de nos foffés ;

le roi nous obligea de les y laisser, comme un trophée de sa victoire.

Le peuple dahomet, dont il vient d'être parlé, malgré sa réputation de bravoure, a plusieurs fois été obligé, dans le tems même de sa plus grande prospérité, de fuir de son pays pendant trente ou quarante jours, lorsque son roi ne pouvoit payer le tribut annuel à un autre roi beaucoup plus puissant que lui, qui se nomme le roi des *ayeots* & qui, dit-on, met cent mille hommes sur pied, & à qui dix autres rois paient aussi tribut. Il réside à cent cinquante ou à deux cens lieues dans les terres. Lorsque ses ambassadeurs viennent recevoir ce qui est dû à leur maître, s'il se trouve alors un blanc chez le roi des dahomets, on a grand soin qu'il ne puisse parler à ces ambassadeurs.

Les *ayeots* ne font point de captifs, les prisonniers font attachés à la queue de leurs chevaux avec lesquels ils galoppent jufqu'à ce qu'ils foient morts.

Il eft encore une autre nation, in-connue aux blancs, qui viennent chez le roi des dahomets : ce font des ma-rabous mahométans, d'un pays fort éloigné dans les terres, qui apportent des tapis de coton & foies fabriquées chez eux, qu'ils échangent contre d'au-tres marchandifes. Ces négres paroiffent beaucoup moins ignorans que tous ceux des bords de la mer ; auffi nous ne connoiffons que les nations qui avoi-finent les *dahomets*. Ce font les *maillys* & les *nagots* qui font fans ceffe pillés & vendus dans nos établiffemens.

En général plus on s'avance dans les terres, plus le pays eft beau ; on y trouve comme par-tout le refte de la côte, beaucoup d'éléphans, de tigres, de loups monftrueux en groffeur, & une quantité prodigieufe de finges de toute efpèce. Le terrein produit abfo-lument tout ce que l'on veut ; tous les fruits de l'Amérique & de l'Afie y viennent parfaitement, dont la majeure partie font naturels au pays. Les oranges y font meilleures que dans aucun pays connu, d'une groffeur & d'une qualité fupérieure à celle de Chine & d'Amérique. Les *ananas* ne s'y plantent pas ainfi qu'au haut de la côte.

Lorfqu'on en demande aux négres trente ou quarante, il en vont chercher dans le bois & jettent fur le lieu la couronne à terre qui, un mois après, a repris racine d'elle-même, & produit un autre ananas auffi beau que celui dont il eft forti, fans cette facilité à fe reproduire, les blancs des navires n'en mangeroient jamais, parce que les négres font trop pareffeux pour les replanter.

Dans une occafion, je taillai moi-même la vigne d'une treille que j'avois à ma porte, & j'en replantai les tailles ou viettes; en peu de tems elles prirent fi bien racine, qu'après trois mois un pied produifit une grappe; mais généralement la vigne produit deux fois par an, dans ce pays, & y pouſſe ſi vigoureuſement que les grains en ſont trop ſerrés ; ce qui les empêche de mûrir également.

Les gens du pays font une aſſez grande conſommation d'une eſpèce d'haricots rouges tout ſemblables aux nôtres ; même feuille & même goût ; mais, ces haricots, au lieu de venir dans leur écoſſe comme ceux d'Europe, ſe forment en terre, attachés à la racine, par une petite fibre au nombre de quarante ou cinquante, & lorſque les négres veulent en faire la récolte, ils en arrachent la taloppe entière.

Ils ont auſſi chez eux les petits poids ronds d'Angole de la forme des nôtres, & qui en ont le goût. Ils viennent naturellement, ſans culture, ſur les arbres de ſept à huit pieds de hauteur, & exactement ſemblables à ceux d'Amérique, avec les feuilles deſquels nos habitans fument leurs terres.

Le chou caraïbe & le chou palmiste font auffi naturels au pays. Les bois font remplis de ce dernier & fi communs que chacun en peut couper autant qu'il en veut, & fans permiffion. Ces deux fortes de légumes y font d'un goût excellent ; ils feroient des plats friands en Europe fi on les avoit.

Les *patates*, les *ignames*, les bannanes, les figues, y font également très-bonnes & en quantité. Ce pays produit, indépendamment des vivres ordinaires du long de la côte, une forte de poivre qui, fans être le même que celui de la côte de Maniguette, eft d'une odeur & d'un goût très-agréable.

Mais l'objet le plus curieux des productions de ce pays, fort loin dans les terres, eft une foie qui vient fur les arbres. Cette foie eft de trois couleurs naturelles, cramoifie, verte & jaune. On la trouve dans de groffes coques reffemblantes à celles des *cacaos*, & elles fortent, d'elles-mêmes, comme celles du coton. Je n'ai jamais pu voir un de ces arbres, quoiqu'on m'ait affuré que le roi des dahomets en avoit plufieurs dans fes cafes : je lui ai demandé une poignée de cette foie, naturelle & non teinte, il m'en a fait donner une poignée de chaque couleur en me demandant ce que j'en voulois faire ? Je l'ai rapportée en France ; il me refte un ou deux tapis de coton dans lefquels il entre de cette foie.

On vend encore dans les marchés une racine d'arbre qui, pilée & ma-cérée, donne la teinture de la plus belle couleur de rofe poffible. J'en ai fait bouillir dans un vafe avec un petit morceau de taffetas blanc, qui a pris la couleur d'un très-beau rofe ; & deux jours après j'ai mis ce même morceau de taffetas à tremper, douze heures dans l'eau, fans qu'il perdît la beauté de fa couleur.

Ce pays produit, d'ailleurs, tous les fruits des pays chauds, & feroit un

vafte

vafte champ d'inftruction pour un bo-
tanifte curieux ; il trouveroit bien des
plantes inconnues qui y pouffent avec
vigueur. En général, les terres produi-
fent tout ce qui eft néceffaire à la vie,
& les négres , malgré leur pareffe ,
élèvent des cabris , des poulets , ils
ont force gibier ; il n'y a que les feuls
bœufs qui manquent dans le pays. Il
eft défendu à tous les négres d'en élever, non par des motifs de fuperftition ni
de difficultés , mais, feulement, parce
que le roi s'eft réfervé le droit d'en
avoir un troupeau ; droit qu'il regarde
comme une marque de grandeur pour
lui. Cependant il eft permis aux blancs
d'en avoir : le fort français , l'anglais
& le portugais ont un grand foin d'en
entretenir un troupeau , & de rempla-
cer , par des élèves , ceux qu'ils font
tuer de tems en tems. Comme un bœuf
tué ne fe garderoit pas deux ou trois
jours , fans être gâté , on eft dans l'u-

Q

fage lorfqu'on en veut manger , d'en envoyer réciproquement un quartier dans les deux ou trois forts qui, à leur tour, en font autant à notre égard. Il en eft des chevaux comme des bœufs; le roi feul & les blancs peuvent en avoir; c'eft quelquefois une récompenfe & une marque de dignité que ce prince donne aux grands de fa cour, de leur faire préfent d'un cheval qu'ils ne montent que les jours de fêtes ou de cérémonies , fans être fellé , il eft feulement couvert d'un tapis , & le cavalier a un valet de chaque côté qui chante les louanges de fon maître & la faveur que le roi lui a faite.

Je ne dirai plus rien de la nation des dahomets ; je crois avoir fuffifamment décrit les mœurs barbares , la religion & les productions du pays; je n'ai rien écrit dont je n'aie été le témoin. Le lecteur , peut être certain de cette relation, & s'il trouve dans ce récit quelque chofe d'extraordinaire , il n'en eft pas moins conforme à la plus exacte vérité.

Pour achever de parcourir la Nigritie, en partant de *Juda* pour descendre la côte, on trouve trois ports très-proches les uns des autres. Le plus éloigné n'est qu'à vingt lieues de *Juda ;* ces ports font Epée, Portonove, à Badagry ; ces trois endroits font habités par les Judaïques, jadis chaffés, comme il a été dit de *Juda*, par les dahomets : ils vivent chacun fous un chef de leur nation, mais ils font défunis entr'eux par jaloufie de commerce, ce qui fait la fûreté des dahomets. Plufieurs navires trouvent à s'expédier, de ces ports, avec des cargaifons de noirs. *Badagry* étoit ci-devant l'endroit où il s'en expédioit le plus, parce qu'il étoit gouverné par un nommé Guinguins, qui avoit été élevé par les blancs & qui fe conduifoit de manière à attirer chez lui le commerce. Il avoit gagné la confiance des capitaines de navires ; mais depuis dix-huit ou vingt ans, le commerce de ces trois escales à changé différentes fois de face par les révolutions du pays.

Après ces trois escales, toujours en descendant la côte, il n'y a plus de traite à faire qu'au *benin*, de laquelle rivière il s'expédie plusieurs navires chaque année ; mais leurs captifs font les moins estimés de la côte, non-seulement parce qu'ils ne peuvent s'accoutumer à d'autres vivres qu'à ceux de leurs pays, qui font principalement des ignames, des patates, &c. &c. mais encore parce qu'ils se chagrinent facilement & meurent assez promptement. Ce pays a pour voisin le Gabon, dont les peuples font antropophages ; ils mangent les blancs comme les négres, lorsqu'ils en peuvent attraper ; ils font, par cette raison, redoutés de leurs voisins, qui leur font sans cesse la guerre. Nos navires européens évitent d'aborder cette malheureuse terre autant qu'ils le peuvent ; néanmoins ils font quelquefois obligés d'en approcher , parce que ces peuples habitent au fond d'une baye ou golfe , où les courans de la mer & les vents contraires les jettent malgré eux. Il n'y a pas cinquante ans qu'un navire qui s'y trouvoit entraîné , ou s'y perdoit , ou au moins perdoit le fruit de fon voyage par la difficulté d'en fortir ; retenu toujours par les courans qui fans ceffe le jettoient au fond de la baie , & lorfqu'il étoit près de terre , il falloit qu'il y mouillât , car c'étoit toujours à recommencer.

Quelques chaloupes ou bateaux portugais ont quelquefois payé cher d'y avoir arrêté , parce qu'ils manquoient abfolument d'eau ; ils étoient obligés de chercher à en aller faire à terre , où ils étoient auffi-tôt enveloppés & mangés. Cela eft arrivé rarement , à la vérité ; heureufement depuis trente à quarante ans nos navigateurs ont trouvé le moyen, lorfqu'ils font entraînés par le courant dans le *Gabon*, de s'en tirer, en moins de huit à dix jours, en ne s'éloignant abfolument pas plus de deux à trois lieues de la côte, c'eft-à-dire, qu'ils profitent d'un petit vent de terre qui s'élève prefque tous les foirs pour courir de petites bordées toute la nuit; & au lieu de courir au large tout le jour, ils mouillent le matin auprès de terre lorfque les vents changent. En recommençant cette manœuvre tous les foirs, ils parviennent enfin à doubler la pointe de cette baye, & à fe trouver hors des courans.

Sortis de cette baye, il n'y a plus de commerce, en defcendant, qu'à la côte d'*Angole*, qui eft la dernière partie où l'on peut traiter des négres; le commerce y eft confidérable; il s'y fait dans trois ports, qui font Gabingue, Malin-be, Louangue, fous différens chefs. Ces contrées font vaftes, & d'une grande profondeur dans les terres, puifque malgré la traite qui s'y fait depuis près d'un siècle, elles ne paroiſſent pas encore épuiſées. Les productions du pays y ſont les mêmes que par toute la côte, & la manière de vivre des habitans eſt la même. C'eſt à cette côte qu'on trouve quelquefois l'orang outang ; chacun connoît aſſez, par les deſcriptions qui en ont été données, les facultés de cet animal, qui approche tant de l'homme à certains égards ; on n'en trouve point de raſſemblés, comme l'ont prétendu quelques écrivains. Il n'y en a en Guinée qu'à la côte d'Angole. Les gens du pays en rencontrent un ou deux en dix ans. Ces peuples ne ſavent abſolument d'où ils proviennent ; leur commune opinion eſt qu'ils ſont produits par une eſpèce de ſinge monſtrueux en groſſeur qui habite les bois ; il eſt très-commun chez eux ; ils aiment beaucoup les femmes, & ils enlèvent quelquefois des négreſſes dans les chemins, & les emmènent dans le fond de leurs

retraites ; ils habitent avec elles, & l'o-
rang outang eft le fruit de leur union. Il
eft très-rare de pouvoir s'en procurer. Les
navires qui s'expédient de ces trois
ports, quoique plus éloignés des ifles de
l'Amérique que de Juda, qui eft plus au
nord, reftent néanmoins beaucoup moins
de temps pour s'y rendre, leurs traver-
fées ordinaires, n'étant que de cinquante
à foixante jours. Ils ne font d'ailleurs
obligés à aucun relâche. Ils partent ordinairement avec des vents de fud-eft,
qui leur font favorables, au lieu que
ceux qui s'expédient de Juda font toujours obligés de relâcher à l'ifle du
Prince, ou à Saint - Thomé, ou à Anabon.

Comme cés trois ifles ne font guères
éloignées que d'environ quatre - vingt
lieues du lieu de leur départ, & qu'elles
ne font en général habitées que par des
négres & mulâtres, à quelques blancs
près ; je vais en donner la defcription.

Ces trois ifles appartiennent aux portugais ; une pointe de celle de Saint-
Thomé eft fituée directement fous la
ligne équinoxiale ; elle a un très-bon
port, & une fortereffe qui commande
la rade ; les navires y trouvent des vivres & des raffraîchiffemens en abondance. Elle n'eft habitée que par des
négres & quelques mulâtres, fujets libres du Portugal, avec leurs captifs. Ils
ont chacun leur habitation, dont ils tirent un bon produit, qu'ils augmente-
roient s'ils étoient moins pareffeux : car
il ne faut que gratter la terre pour y
faire venir tout ce que l'on veut. Tout
y pouffe avec force, & eft fupérieur en
groffeur à tout ce qui vient ailleurs.
Mais les captifs de ces habitations, auffi
libres que leurs maîtres, ne font que
leur volonté, ne travaillent que deux ou
trois jours de la femaine, ou pour mieux
dire quand ils veulent. Néanmoins ce
peu de travail leur produit des vivres
abondamment, non-feulement pour la

confommation de l'ifle, mais encore de quoi en fournir à tous les navires français, anglais, & autres, qui y relâchent. Les bananes, figues, ananas, oranges, citrons, pommes, rofes, cocos, & autres fruits, y font en fi grande quantité qu'on trouve des demi-lieues de terreins dont les arbres fe touchent les uns les autres, & qu'on n'y peut paffer qu'en faifant mille détours ; ce qui fait que la terre eft couverte de ces fruits, & que chaque navire en emporte autant qu'il peut en prendre ; indépendamment de ces raffraîchiffemens, on trouve dans cette ifle beaucoup de tortues, de poiffons, & de la volaille en abondance, &c. &c. Mais malheureufement, malgré tous ces avantages, cet endroit eft fort mal-fain. Les européens y meurent très-promptement, & c'eft ce qui fait qu'il n'y a que trois ou quatre capucins blancs dans toute l'ifle ; ils y ont un petit couvent, où ils vivent avec la même liberté que tous les autres prêtres négres ;

c'eſt-à-dire, avec nombre de négreſſes.

Je viens de dire des prêtres négres, parce qu'il n'y en a point d'autres dans l'iſle, quoiqu'il y ait huit à neuf égliſes ou chapelles. Ces prêtres ſont ſi ignorans, que la plupart ne ſavent pas lire. La première fois que je deſcendis dans cette iſle (c'étoit un dimanche matin) on me propoſa d'aller à la grand'meſſe à la cathédrale ; je m'y rendis, & comme j'ignorois qu'il n'y avoit point de blancs, ma ſurpriſe fut ſans égale, de n'y voir que des négres & négreſſes dans l'égliſe ; mais mon étonnement augmenta en approchant du chœur de ne voir à l'autel que trois grands négres en chaſubles, & ſix ou huit petits négrions, enfans-de-chœur, en ſurplis. Tous ces objets étoient bien capables de frapper des yeux qui n'y étoient point accoutumés. Lorſqu'il fut queſtion d'entendre chanter du nez à toute l'aſſemblée, il n'y eut plus moyen d'y tenir : mille voix diſcordantes & aigres crioient d'une manière insupportable ; cependant, pour ne point paroître indévôt, j'eus le courage de ne sortir qu'après la messe finie, me promettant bien de ne jamais assister à une telle musique.

Retiré à mon logement, pour voir passer tout le monde, je me plaçai sur une galerie qui est devant chaque maison, je m'amusois à demander à mon hôtesse, à mesure qu'il passoit une mulâtresse ou une négresse plus parée que les autres : qui est celle-ci ? & qui est celle-là ? A chaque question elle me répondoit : c'est la fille du père un tel ; & enfin je lui demandai, si les prêtres se marioient dans cette isle ? Oui, me repondit-elle, à la mode du pays, chacun d'eux a deux ou trois maîtresses ; les filles que vous venez de remarquer font leurs enfans. Rien de plus commode, lui dis-je. Je pris là-dessus d'autres informations d'un capitaine de navire, qui me dit, que cela étoit toléré parmi eux, d'autant que le gouvernement de Portugal avoit essayé

plufieurs fois d'envoyer un évêque dans
l'ifle, pour y faire la réforme ; mais que
quinze jours ou un mois après il avoit
été empoifonné, ainfi que les gouverneurs venus de Lisbonne : de manière
qu'on avoit renoncé à en envoyer d'autres. En outre, l'air y eft fi mal-fain,
qu'on avoit éprouvé que les blancs ne
pouvoient y réfifter ; que cela les avoit
déterminés à donner les places aux gens
de l'ifle ; qu'il y en a douze de commif-
fionnés, qui fe nomment faftueufement
le parlement de Saint-Thomé, mais qui
au fond font douze coquins.

Après ces renfeignemens, on me dit,
qu'il falloit aller faire une vifite au gouverneur. J'envoyai mon domeftique chez
lui, pour favoir quand il feroit vifible ?
Il me fit réponfe qu'il m'attendoit ; je
m'y rendis auffi-tôt, pour m'en débar-
raffer.

M. le gouverneur étoit un mulâtre ou
métis, qui par un ufage de fon pays,
& pour fatisfaire une fotte & ridicule

vanité , venoit de faire fortir dans fa chambre & fur fa galerie, toute fa gar-de-robe, en habits, veftes & culottes, le tout bien étalé, comme pour y faire prendre l'air ; mais au vrai par oftenta-tion, pour faire parade de fes vieux ha-bits ; de forte que fon appartement ref-fembloit exactement à la boutique d'un mauvais frippier.

De cette manière le gouverneur me reçut avec un vieux habit galonné de l'autre fiècle ; il me fit néanmoins beau-coup d'honnêtetés, & me fit préfen-ter des raffraîchiffemens de l'ifle , en me faifant beaucoup d'offres de fervice. Retiré chez moi, je plaifantai un peu avec mon hôteffe & quelques français de mon navire , fur l'ufage de faire for-tir fes habits pour recevoir des étran-gers. On me dit que l'après-midi , en fortant de vêpres, je verrois un autre exemple auffi ridicule. Effectivement, les vêpres finies, on me fit remarquer que toutes les femmes à prétention met-

toient cinq à six jupons l'un sur l'autre,
malgré la chaleur du climat , & qu'elles
les arrangeoient de façon qu'on pouvoit tous les diftinguer , en les élevant
de trois à quatre pouces les uns au-
deffus des autres , de manière que le
dernier de ces jupons ne paroiffoit pas
avoir plus de douze à treize pouces de
hauteur.

Le dimanche fuivant , je fus témoin
d'une cérémonie non moins étonnante
que les premières ; l'on me dit que fur
les cinq heures après-midi il pafferoit
une très-belle proceffion devant ma
porte. En conféquence, je me tins fur
ma galerie ; cette proceffion étoit pré-
cédée de tout le peuple nègre de l'ifle,
avec les femmes parées de leurs plus
beaux ajuftemens ; enfuite des cavaliers
mafqués, habillés en pierrots & en ar-
lequins , d'autres en chemifes, le vifage
barbouillé, & fans mafques ; d'autres à
pieds , vêtus de même , tous caracolant
& fe retournant de momens à autres ;

enfuite venoit un petit vaiffeau, porté
fur des roues, avec des voiles de foie,
que les mafques tiroient ; dans ce petit
navire étoit un Saint-Sacrement expofé, entouré de quelques prêtres ; le gouverneur & le prétendu parlement for-
moient la marche. Après qu'ils eurent
ainfi parcouru toute la ville, chacun fe
retira chez foi.

La moitié de l'ifle de Saint - Thomé
eft remplie de montagnes, dont une eft
fi haute qu'on n'en voit jamais le fom-
met ; il eft toujours enveloppé d'une
efpèce de nuage, qui paroît comme les
vapeurs d'une fumée. Cette montagne
eft habitée & remplie de négres marons,
qui autrefois fe font fauvés pour y devenir libres. Les habitans de l'ifle pourroient les détruire facilement s'ils vou-
loient, mais ils s'en donnent bien de
garde , en ce qu'ils font leur fûreté
contre la défertion de leurs captifs. On
ne craint pas qu'ils aillent trouver les
marons , qui font dans l'ufage de tuer
tout

tous les négres qu'ils attrappent , dans la crainte qu'ils ne viennent découvrir leur retraite , & qu'ils foupçonnent leur être envoyés à cet effet pour les trahir enfuite. Par ce moyen, les captifs des habitations qui font informés du rifque qu'ils auroient à courir, ne font pas tentés de déferter, d'autant qu'ils font bien traités , & comme s'ils étoient li-bres. Quant aux femmes les marons ne les tuent point ; ils les emmènent au contraire très - foigneufement dans la montagne, lorfqu'ils peuvent en attrap-per, & ils les donnent à ceux d'entr'eux qui n'ont point de femmes.

L'isle du Prince.

CETTE isle n'est éloignée de Saint-Thomée que de trente lieues, d'où on la voit par un temps clair, malgré son éloignement. Quoique peut-être un peu moins fertile que Saint-Thomée, c'est une bonne relâche, & l'air y est moins mal-fain. L'on y trouve quelques blancs, & par cette raison plus de sûreté, parce que les principaux habitans en font moins canailles. Ils vivent comme eux, & font le même commerce; ainsi je n'en dirai rien de plus, pour ne pas tomber dans des répétitions.

La troisième isle se nomme *Anabon*, située par les deux degrés sud. Elle est excellente à tous égards, & n'a pas plus de huit à neuf lieues de tour; elle étoit autrefois inconnue & déserte; elle s'est

peuplée affez fingulièrement. Il n'y a pas
un fiècle , qu'un navire portugais , du
Bréfil , chargé d'une cargaifon de noirs ,
s'y perdit la nuit ; mais tout le monde
fe fauva à terre. Néanmoins il ne refta
avec les négres qu'un feul capucin portugais , qui a fu fi bien gagner leur
amitié , qu'ils en ont fait leur chef , &
que depuis ce temps-là ils ne veulent
qu'un capucin pour les gouverner, qu'on
leur envoye de Portugal. Ce religieux
eft parvenu à inftruire tous ces négres
dans la religion chrétienne , autant qu'il
eft poffible de le faire. Il a bâti de fes
mains une petite chapelle , où il célèbre
l'office divin. Cette petite ifle feroit
une relâche préférable aux deux autres
pour les navires qui partent de la côte ,
non-feulement parce qu'on y trouve tous
les genres de vivres qu'on y peut defi-
rer , & à fi bon compte qu'on en eft
étonné , mais encore parce que les navires , s'y trouvant au vent , abrègent
leur traverfée ; mais almheureufement

R 2

il eſt ſi difficile de l'attrapper, à cauſe des courans & vents contraires, qu'à peine ſur cinquante navires un ſeul peut y relâcher.

Je reviens préſentement à la côte d'*Angole*, qui eſt le dernier lieu où l'on traite des noirs, paſſé laquelle les bords de la mer ſont inhabités & preſqu'in-connus, & juſqu'au cap de Bonne-Eſ-pérance, où l'on trouve d'autres na-tions, preſque de la couleur des Caraïbes de l'Amérique, & qui ne ſont plus l'objet de la Nigritie, décrite dans cet ouvrage. Néanmoins, après avoir paſſé le cap de Bonne-Eſpérance, en ſuivant toujours la côte, on entre dans le ca-nal de Mozambique, où recommence le peuple négre, vis-à-vis l'iſle de *Ma-dagaſcar*, qui eſt une des quatre plus grandes iſles connues, qui fait encore le commerce des captifs; mais ces deux derniers endroits de l'Afrique ſont trop éloignés de nos iſles de l'Amérique, pour les fournir de négres, par les longueurs des traverſées, quoique quelques petits bâtimens l'ayent déjà tenté. Cependant Madagaſcar eſt très-utile à nos iſles de France, de Bourbon & à la navigation, pour la traite des bœufs & autres vivres, qui y ſont en abondance.

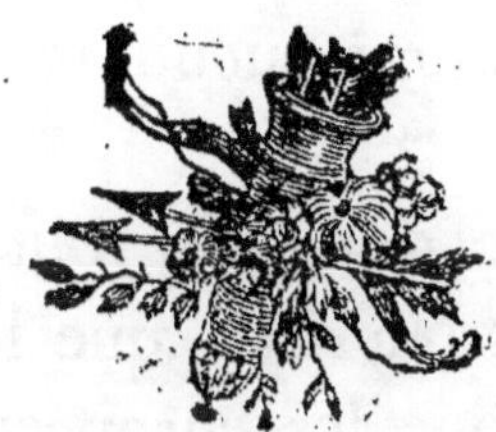

DERNIER CHAPITRE.

DES réflexions par lesquelles je terminerai cet ouvrage il en est peut-être déja quelques-unes de répandues dans plusieurs des articles que j'ai traités, mais je ne peux trop les remettre sous les yeux si je veux que mon travail soit de quelqu'utilité, & s'il ne l'est pas, je n'aurai aucun reproche à me faire.

Il résulte donc de tout ce que j'ai écrit sur la Nigritie, que le commerce d'esclaves que les européens font dans ces vastes contrées, est un commerce affreux, contraire aux loix divines & humaines, à la religion, à l'humanité; que ce commerce occasionne des actes monstrueux de cruautés; qu'autrefois, ces peuples heureux sous les loix de la nature, par la fécondité de leur terre

& la salubrité de leur climat, ont été par notre criminelle avidité transformés en bêtes féroces ; ils ne se font la guerre entr'eux & ne se détruisent réciproquement que pour vendre leurs patriotes à des maîtres barbares, les rois eux-mêmes n'y voyent leurs sujets que comme une marchandise qui peut leur servir à se procurer ce que desirent leurs caprices, & même à faire parade de leur férocité, puisque dans leurs fêtes publiques du haut de l'échafaut, qu'ils appellent leur trône, il jettent à la populace des hommes à déchirer, ainsi que dans les nôtres on jette des pièces de monnoie, & le sang des sujets y est, comme il est arrivé quelquefois en Europe, une richesse appartenante en propre au souverain, dont il peut disposer sans rendre de compte & qu'il peut dissiper, où, & comme il lui plaît.

Les partisans de ce commerce, aveuglés par l'amour du gain, veulent rendre la religion complice de leurs crimes en s'étayant de la tolérance de l'églife, dont les vues faintes étoient d'amener ces peuples à la foi & de les délivrer de l'idolâtrie ; mais que cette méthode eft loin de remplir ce projet ; l'églife n'avoit pas foupçonné toutes les cruautés que ce commerce entraîneroit ; elle n'avoit pas prévu que loin de faire jouir ces expatriés de cette fainte douceur que prefcrit notre religion, on les tyranniferoit de mille manières différentes, & qu'on leur feroit confidérer les européens bien moins comme leurs bienfaiteurs que comme leurs bourreaux ; & eft-il un homme livré à un pareil trafic qui connoiffe d'autre dieu que l'or, & d'autre culte que la manière d'en gagner !

D'un autre côté, fi en Amérique on les force de profeffer la religion chrétienne, c'eft bien plutôt la profaner que la faire refpecter, par la raifon que ces captifs, venant d'Afrique, n'ap-

prennent jamais affez notre langue pour
rien concevoir de ce qu'on leur en-
feigne ; après des leçons fans nombre,
ils ne font pas plus avancés que fi on
leur avoit parlé mathématiques ou aftro-
nomie ; de façon, qu'à quelques fimu-
lachres près, ils vivent & meurent dans
la plus profonde ignoranee des devoirs
de l'homme. Ils ne fe doutent pas plus
de l'exiftence d'un Etre fuprême, que de
l'humanité qui nous eft prefcrite.

Il n'en eft pas de même de ceux qui
naiffent dans nos colonies ; il eft poffible de les inftruire dans notre religion,
quoique la plupart des habitants ne
s'en donnent gueres la peine. On pourroit même les naturalifer au point de
fe paffer de ceux qu'on amene d'A-
frique, en favorifant, par de fages
réglemens, la population dans nos colonies.

En Juillet dernier, j'avois envoyé au
principal Miniftre du Roi, des obfervations fur cet affreux commerce ; j'ef-

pérois qu'il trouveroit le tems de s'en occuper, & de les mettre fous les yeux du Monarque qui nous gouverne, & dont le cœur eft plein de bonté. J'efpérois qu'il prononceroit l'abandon de ce trafic, & en donneroit le premier le glorieux exemple à l'Europe: mais que cet événement arrive un peu plutôt ou un peu plus tard, il ne fera pas moins intéreffant pour la France de conferver fon établiffement au Senégal, dont il eft facile de former en peu d'années, une colonie auffi riche que celle des Efpagnols & des Portugais en Amérique, & avec infiniment moins de dépenfe; le Senégal étant à fi peu de diftance de l'Europe, les avantages en font certains : mais l'établiffement d'une telle colonie, eft une entreprife d'état ou d'une riche Compagnie qui feroit extrêmement protégée du Gouvernement.

Quant à la Compagnie actuelle du Senégal, trois caufes s'oppofent à fa

prospérité, & l'obligeront indubitablement à renoncer à son entreprise.

La premiere de ces causes est qu'elle
est non-seulement obligée de partager
le commerce de la gomme avec les
Anglais, à qui il a été permis par le
dernier traité de paix, d'aller commercer à Portendick; permission dont jouis-
soit l'ancienne Compagnie des Indes,
& que les Français n'avoient plus avant
la derniere guerre; mais encore ce
partage de commerce de la gomme
force la Compagnie de la payer aux
Maures douze & quinze fois plus que
ne la payoit l'ancienne Compagnie : la
seule concurrence des Anglais fait que
toute cette gomme leur seroit portée,
si les Français refusoient de se confor-
mer au prix donné par les Anglais.

La deuxieme cause qui s'oppose au
succès de notre Compagnie actuelle,
c'est que la seule riviere du Senégal,
où il lui est accordé le privilege exclu-
sif du commerce est trop bornée par

rapport aux dépenſes qu'elle eſt obligée de faire ; & il eſt conſtant qu'elle ne pourra proſpérer que lorſqu'elle obtiendra le même privilege qu'avoit l'ancienne Compagnie des Indes , c'eſt-à-dire, celui du commerce excluſif depuis le Cap-Blanc, juſqu'à Serralionne.

Enfin , la troiſieme cauſe qui nuit plus qu'on ne penſe au commerce de la Compagnie du Sénégal, c'eſt que depuis que la France eſt rentrée en poſſeſſion de cette partie de la côte , c'eſt le militaire qui commande dans ce pays avec une autorité incompatible avec le bien du commerce , il le contrarie ſans ceſſe dans ſes opérations. Le Commandant du commerce peut & doit ſeul connoître les intérêts des différens Princes noirs, & de ceux de ſa Compagnie qui y ſont relatifs : de plus , il eſt indiſpenſable que tous les gens de l'iſle , negres, mulâtres, libres ou eſclaves, ſoient ſubordonnés au Commandant du commerce ; autrement il eſt arrêté à chaque moment dans ſes opérations avec ſes habitans, dont la majeure partie eſt au ſervice de la Compagnie, quoique vivant par elle. Ils ſont ſouvent indociles aux ordres qui leur ſont donnés ; ils prétendent à une augmentation, de gages qu'ils n'ont jamais eus que des Anglais ; &, ce qui eſt encore plus dangereux, ils cabalent auprès des Princes noirs, pour faire défendre la traite aux blancs. Si, lorſque tous ces déſordres arrivent, le commandant du commerce n'a pas la liberté de faire punir les coupables, que peuvent devenir ſes opérations ! C'eſt cependant ce qui arrive ſouvent, lorſqu'il veut retenir dans les bornes de leur devoir & de l'obéiſſance les negres mulâtres ; ils ne manquent pas auſſi-tôt de s'aller plaindre au Commandant militaire qui, pour faire parade d'une autorité qu'il affecte toujours de montrer, ne manque jamais de donner raiſon à ceux qui devroient être punis. Par ce moyen, les mutins triomphent, & font appuyés dans leur infubordination ; & il eft impoffible qu'il ne réfulte pas de cette funefte protection des défordres & des vols, dont la Compagnie ne peut fe garantir.

Et, que n'arriveroit-il pas, fi un militaire avide contredifoit par un commerce particulier celui de la Compagnie, dont alors la vigilance néceffaire ne pourroit manquer de furveiller, de croifer fes opérations, & d'exciter la haine d'un Commandant qui, dans ces parages, ne doit avoir de puiffance que pour protéger les Français !

Il eft donc très-certain qu'indépendamment des dépenfes que des troupes, dans ce pays, coûtent à l'Etat, elles font très-nuifibles au commerce. On peut joindre aux preuves que je viens de donner, l'exemple des deux Nations qui, dans le commerce, entendent le mieux leurs intérêts, les Anglais & les Hollandois ; ils ont chacun douze à treize forts le long de la côte ; ils n'ont dans les plus confidérables , que quelques foldats avec un Officier ou un Sergent , mais toujours fous les ordres du Commandant ou Directeur du commerce , ainfi qu'en avoit toujours ufé l'ancienne Compagnie des Indes de France. Elle tenoit quarante-cinq foldats au Senégal , & pour Galam : elle en avoit feulement trente à quarante à Gorée en temps de paix, mais toujours aux ordres de la Compagnie ; autrement les affaires auroient été en défordre. Un dernier vice de la régie actuelle, eft qu'on a permis à une trop grande quantité de negres libres, de venir s'établir fur l'ifle du Sénégal ; ce qui caufe prefque tous les ans une difette de grains qui le fait rencherir au point que la mefure, qui ne fe payoit que deux fols, fe payoit en Mai 1788 douze fols.

Autrefois, j'aurois pu être foupçonné de quelqu'intérêt perfonnel, en difant ces vérités; mais à présent sur le déclin de l'âge & dégagé de toute affaire, je n'ai eu d'autre motif que d'être utile à ma Patrie.

AVERTISSEMENT.

AVERTISSEMENT.

A CETTE defcription de la Nigritie,
qui n'a de recommandable que la vérité. J'ai penfé qu'il feroit bien de
joindre un petit dictionnaire abrégé des
mots , & quelques phrafes eu ufage
chez les peuples Iolofs , cela peut préparer à la connoiffance de cette langue
ceux que les affaires du commerce con-
duiroient fur ces côtes, cela peut donner à nos favans une idée de la gram-
maire de ces peuples ; cette langue eft
très-douce & a des inflexions de voix
plus marquées que la nôtre, & plus de
brièveté dans fes expreffions , elle fe

paſſe de verbes auxiliaires , *roc mi roc,* donne-moi & je te donnerai ce qui pourroit auſſi être traduit, par troc pour troc , préſente un apperçu de la préciſion de leur langage ; *bir*, qui veut dire ventre ; & *bir na* , femme enceinte , prouvent l'analogie du ſubſtantif joint à l'adjectif en un ſeul mot. Leur manière de compter fait voir que ce peuple étoit plus avancé & plus ingénieux que les Indiens qui ſe ſervoient de Quipos , ſcience encore qui n'étoit en uſage que chez les prêtres du temple du ſoleil.

Dans cet abrégé , je donne aſſez de connoiſſance de ce langage, pour qu'un voyageur intelligent puiſſe com-

parer d'autres langues à celle des Iolofs , & quelle foule de réflexions ne
s'offriroient pas à l'efprit , fi dans l'une
des ifles perdues fur l'immenfité des
mers du fud , on retrouvoit , je ne
dis pas les menus dialectes , mais les
mêmes mots primitifs qu'à fait inven-
ter la néceffité de s'entendre fur les
côtes d'Afrique.

Quelle idée effrayante ! L'imagination
n'auroit - elle pas du boulleverfement
des parties du globe , & des commo-
tions , fans doute, périodiques , qui
ont féparé les peuples & les ont dif-
perfés dans l'étendue de l'univers. Pour
prouver ces terribles révolutions , le
langage feul deviendroit la baze de la

S 2

certitude, le même idiôme préfentant & réuniffant les titres de la même famille.

N O M S

DE DIVERS OBJETS.

Homme.	Gour.
Femme.	Guiguenn.

On a mis souvent double lettre, à ce qui, dans notre langue, à l'*appuyement* que fait à la fin d'un mot un *e*, précédé d'une consonne.

Roi.	Bour.
Maître.	Borom.
Jeune domestique.	Boucanet.
Les yeux.	Gott.
Le nez	Bacann.
La tête.	Boppe.
Le ventre.	Bir.
Femme enceinte.	Birna.
La langue.	Lamai.
Souliers.	Dal.
Beurre.	Diou.
Lait.	Sau.
Poules.	Guénar.

Canard.	Canquel.
Poiſſon.	Guïɔnn.
Bœuf.	Nac.
Cochon.	Bamm.
Du mil.	Dougoupp.
Du riz.	Quiebb.
Eléphant.	Gnié.
Tigre.	Seigle.
Loup.	Bouqui.
Auttuche.	Gaminte.
Boire.	Nane.
Manger.	Lécamm.

Mots & phraſes.

Un jour.	Benn huer.
Deux mois.	Guiar fanne.
Trois ans.	Gniette hatte.
Tout à l'heure *ou* à l'inſtant.	Belinquiſſe.
Demain je me marie en face de Dieu.	Ellec maſſé quia qua-nam y alla.
Ma femme eſt extrême-ment jolie.	Sama guiabar rafetna lol.
Je l'aime de tout mon cœur.	Soppna quia ſamɔcol.
Ma femme eſt enceinte.	Sama guiabar birna.

Mon mari eſt mort.	Sa ma guiaçar déna.
Je ne l'oublierai jamais.	Fatetimaco mouque.
Je vais le pleurer.	Mengala guioüé.
Ta fille eſt-elle mariée?	Sadom guiguenn ſcéna.
Non, trop jeune.	Dér calella.
Ta grande-mère eſt vieille.	Samant magàt na.
Allons manger ton couſcou.	Noudem lec ſaraguéré.
Je vais prier Dieu qu'il me donne un enfant.	Manga gulli y alla quima guiocre benne dom.
As-tu vu l'enfant qui a deux têtes?	Gueſſoula dom qui amga guiarr bopp.
Je crois que perſonne n'a vu cela.	Deffena quienn mouſ-ſouco quiſſ.
Sûrement tu aimes les femmes.	Holla y ſoppena gui-guenne.
Dis la vérité.	Oüacal dégué.
Je ne peut pas mentir.	Monou man fenne.
Cet homme là n'a pas de honte.	Gour bilet amour ga-quet.
Donne-moi des mar-chandiſes *ou* de l'or.	Guioremau gur bare aurouſſe.
Donne-moi & je te donnerai.	Roc mi roc.
Que tu es malin.	Yaguena mouſſ.

Non , je ne fuis pas malin.	Der dou ma mouff.
Ne me dis point d'injures.	Bouma caffe.
Cela eft fini , ne fois pas fâché , & embraffe-moi.	Sautina boulmer founeman.
Je m'en vas danfer avec ma jolie maîtreffe.	Maugadem fequel ac fama qui auro rafette.
Venez petite m'embraffer.	Caye calillé founeman.
N'ayez point peur des blancs.	Boulé ragalle toubabe.
Si tu avois un mari blanc.	So amé guiacard toubabe.
Comment ferois - tu donc ?	Nacan guadeffe.
Je ne fais.	Cam.
Vas t'en en fanté.	Demenne acquiame.
Donne-moi mon fufif.	Guiorqueman fa ma fetal.
Avec mon fabre je vais aller tuer un loup.	Ac fa ma guieffi mademrée benne bouqui.
Ce fabre là m'appartient.	Guiaffi bilet ma comom.

Le maître du Sénégal me l'a donné.	Borom dar amaco guiorque.
Le maître de Goré n'est-il pas frère de celui du Sénégal.	Borom bire d'ou raquam borom dar.
Je vais dormir auprès de ma femme.	Mangadem nelo ac samaguiabar.
Moi je vais danser.	Mann madem fequelle.
Maître de cuisine, va tuer deux poules avec un canard.	Borom togue demenn rée gniar guenare ac benne cauquel.
Je voudrois voir le roi de France.	Bouguena co quisse bour tougol.
Cet homme là n'a pas d'esprit.	Gour bilet amour kel.
Mes oreilles sont malades.	Sa ma nope mitina.
Les vaisseaux de France sont forts.	Randy tougol amga dolet.
Ma mère est morte.	Sa mandeil déna.
Je vais fumer ma pipe.	Manga toque sama nanon.
Demain en santé, j'irai fort loin.	Elec guiam madem sorena.
Donne-moi mon présent d'adieu.	Guiorquemann famatago.
Je n'ai absolument rien.	Amoumann dara.

Fais mon compliment à tes parens.	Noyoul man senn boque.
Cela est si excellent, que je crois que je m'en vais avec Dieu.	Nerclalol deffna magadem ac y alla.
Gouttes-en.	Mosco.
Je n'oserois pas.	Saguiou maco.
N'ayez point peur.	Boul ragale.
Donne-moi de l'eau, je vais me laver.	Guiorrmann doc madem racasse.
Je t'assure que cet homme là ne vaut rien.	Hola y gour bilet bacoul.
Donne - moi un coup d'eau-de-vie.	Guioremann tangué saugara.
Doune-moi dix barres de fer.	Guioremann fouque barra.
Avec de la toile.	Ac indimon.
Cela est trop salé.	Saffena corom.
Aujourd'hui ta cuisine ne vaut rien.	Teilsa toque bacoul.
Cela n'est pas vrai, tu es menteur.	Doudeque moguena fenne.
Laisse-moi, je suis fâché.	Basyemann mernaman.
Ne sois pas fâché, assis toi.	Bouco mer guiaquil.

Vas t'en chercher du feu.	Demenn yòffi fafara.
Il n'y en a point ici.	Necouquia.
Tu as des pierres à fufil.	Amgua deuïl fetelle.

Manière de compter des Iolofs.

Un.	Benne.
Deux.	Guiart.
Trois.	Gniet.
Quatre.	Guianet.
Cinq.	Gurom.
Six,	Gurom benne.
Sept.	Durom gniart.
Huit,	Gurom gniet.
Neuf.	Gurom gnianet.
Dix.	Fouque.
Onze.	Fouque à benne.
Douze.	Fouque à gniart.
Treize.	Fouque ac gniet.
Quatorze.	Fouque ac gnianet.
Quinze.	Fouque ac gurom.
Seize.	Fouque ac gurom ben-ne.
Dix-fept.	Fouque ac gurom gniart.
Dix-huit.	Fouque ac gurom gniet.

Dix-neuf.	Fouque ac gurom gnianet.
Vingt.	Gniard fouque.
Trente.	Gniet fouque.
Quarante.	Gnianet fouque.
Cinquante.	Gurom fouque.
Soixante.	Gurom benne fouque.
Soixante-dix.	Gurom gniart fouque.
Quatre-vingt.	Gurom gniet fouque.
Quatre-vingt-dix.	Gurom gnianet fouque.
Cent.	Benne temer.
Deux cens.	Gniart temer.
Trois cens.	Gniet temer.
Quatre cens.	Gnianet temer.
Cinq cens.	Gurom temer.
Six cens.	Gurom benne temer.
Sept cens.	Gurom gniart temer.
Huit cens.	Gurom gniet temer.
Neuf cens.	Gurom gnianet temer.
Mille.	Benne guné.

F I N.

E R R A T A.

O N doit ici prévenir le lecteur, que l'impreſſion de cette relation de la Nigritie , ayant été faite pendant l'abſence de l'Auteur, qu'il n'a pu , par cette raiſon , corriger les épreuves ; qu'il s'y eſt fait beaucoup de fautes d'impreſſions , & particulièrement dans les noms propres , & dans celui des lieux , qu'il n'eſt plus poſſible de rectifier , que par cet errata.

Page 2 , *ligne* 5 , *liſez* pouvoient , *au lieu de* peuvent.
Pag. 3 , *lig.* 23 , *liſ.* Galam , *au lieu de* Galane.
Pag, 4 , *lig.* 21 , *liſ.* Babouches , *au lieu de* Bembouches.
Pag. 4 , *lig.* 16 , *liſ.* Guiriot , *au lieu de* Quiriot.
Pag. 6 , *lig.* 15 , *liſ.* pagne , *au lieu de* pague.
Pag. 7 , *lig.* 9 , *liſ.* encore pagne , *au lieu de* pague.
Pag. 7 , *lig.* 12 , *idem.* -- *idem* , *au lieu de* pague.
Pag. 9 , *lig.* 12 , *liſ.* d'une grande beauté , *au lieu d'un* grande.
Pag. 10 , *lig.* 10 , *liſ.* Saletins , *au lieu de* Saltins.
Pag. 11 , *lig.* 5 , *liſ.* Darmanceaux , *au lieu de* Darmaneaux.
Pag. 15 , *lig.* 3 , *liſ.* Galam , *au lieu de* Galom.
Pag, 17 , *lig.* 15 , *liſ.* le navire, la valeur , capitaine C'aſſe , *au lieu du* navire la Vallence.
Pag. 23 , *lig.* 17 , *liſ.* Couſcou , *au lieu de* Couſecou.
Pag. 25 , *lig.* 6 , *liſ.* le roi d'Hamel , *au lieu du* roi d'Hamet.
Pag. 28 , *lig.* 9 , *liſ.* à le protéger , *au lieu* à les protéger.
Pag. 35 , *lig.* 2 , *liſ.* mill , *au lieu de* mil.
Pag. 41 , *lig.* 7 , *liſ.* palmiſte , *au lieu de* palmiſter.
Pag. 43 , *lig.* 18 , *liſ.* deraquenqueo , *au lieu de* deraguenquoo.
Pag. 46 , *lig.* 15 , *liſ.* meuïlles , *au lieu de* meuilles.
Pag. 47 , *lig.* 10 , *liſ.* mortaudes , *au lieu de* mortandes.
Pag. 51 , *lig.* 3 , *liſ.* après celui du roi d'Oual , *au lieu de* d'Onat.
Pag. 58 , *lig.* 13 , *liſ.* l'aſcars , *au lieu de* laſcans.
Pag. 74 , *lig.* 1 , *liſ.* mouïtte , *au lieu de* mouïtte.
Pag. idem , *lig.* 8 , *liſ.* ce chaſſer , *au lieu de* chaſſer,

Pag. 75, *lig.* 17, *lif.* Bambaréna, *au lieu de* Bauba-zenna.

Pag. 76, *lig.* 2 à 3, *lif.* bambaras, *au lieu de* bambazas.

Pag. 77, *lig.* 2, *lif.* M. Stoupan Delabrue, *au lieu de* Stoupem Delvbrue.

Pag. 78, *lig.* 8, *lif.* bamboüe.

Pag. 80, *lig.* 11 à 12, *lif.* qui peuvent donner le plus, *au lieu de* donner le plus de mines.

Pag. 84, *lig.* 4, *lif.* celles des Nègres, *au lieu de* celle.

Pag. 88, *lig.* 8, *lif.* cacho, *au lieu de* cachas.

Pag. 90, *lig.* 8, *lif.* occafionner, *au lieu de* fupporter.

Pag. 101, *lig.* 2, *lif.* Mofambique, *an lieu de* Mau-fenbie.

Pag. 102, *lig.* 16, *lif.* ferairres, *au lieu de* ferezes.

Pag. 117, *lig.* 14, *lig.* capitaine Avrillou, *au lieu de* Avrillon.

Pag. 114, *lig.* 5, *lif.* je les faifois, *au lieu que* je les faifois.

Pag. 119, *lig.* 2, *lif.* défenfe de traité, *au lieu de* défenfe des traités.

Pag. 120, *lig.* 11, *lif.* Seraires nonnes, *au lieu* Serairos noirs.

Pag. 127, *lig.* 1, *lif.* Bruxalme, *au lieu de* Bruxal.

Pag. 128, *lig.* 12, *lif.* grands macatons, *au lieu de* grands malatous.

Idem. lig. 13, *lif.* de même macatons petit, *au lieu de* malatous.

Idem. lig. 17, *lif.* Mortaudes, *au lieu de* Mortandes.

Pag. 129, *lig.* 10, *lif.* chandelier de cuivre, *au lieu de* chandellier.

Pag. 129, *lig.* 22, *lif.* de Bery, *au lieu de* Berg.

Pag. 130, *lig.* 15, *lif.* Bajutapo, *au lieu de* Bajatapo.

Idem. lig. 21, *lif.* contre brodés, *au lieu de* coutre.

Pag. 132, *lig.* 11, *lif.* brigantin, *au lieu de* bringantin.

Pag. 133, *lig.* 17, *lif.* fur l'ifle Boulan, *au lieu de* Boullant.

Pag. 135, *lig.* 15, *lif.* qui fertilifent *au lieu* qui fortifient.

Pag. 137, *lig.* 10, *lif.* Boulan eft entourée de bancs, *au lieu d'*entouré d'eau.

Pag. 147, *lig.* 6, *lif.* à Namabon, *au lieu d'*Anamabon.

Pag. 164, *lig.* 22, *lif.* Agâou, *au lieu d'*Agacn.

Pag. 168, *lig.* 2, *lif.* chaile, *au lieu de* chaire.

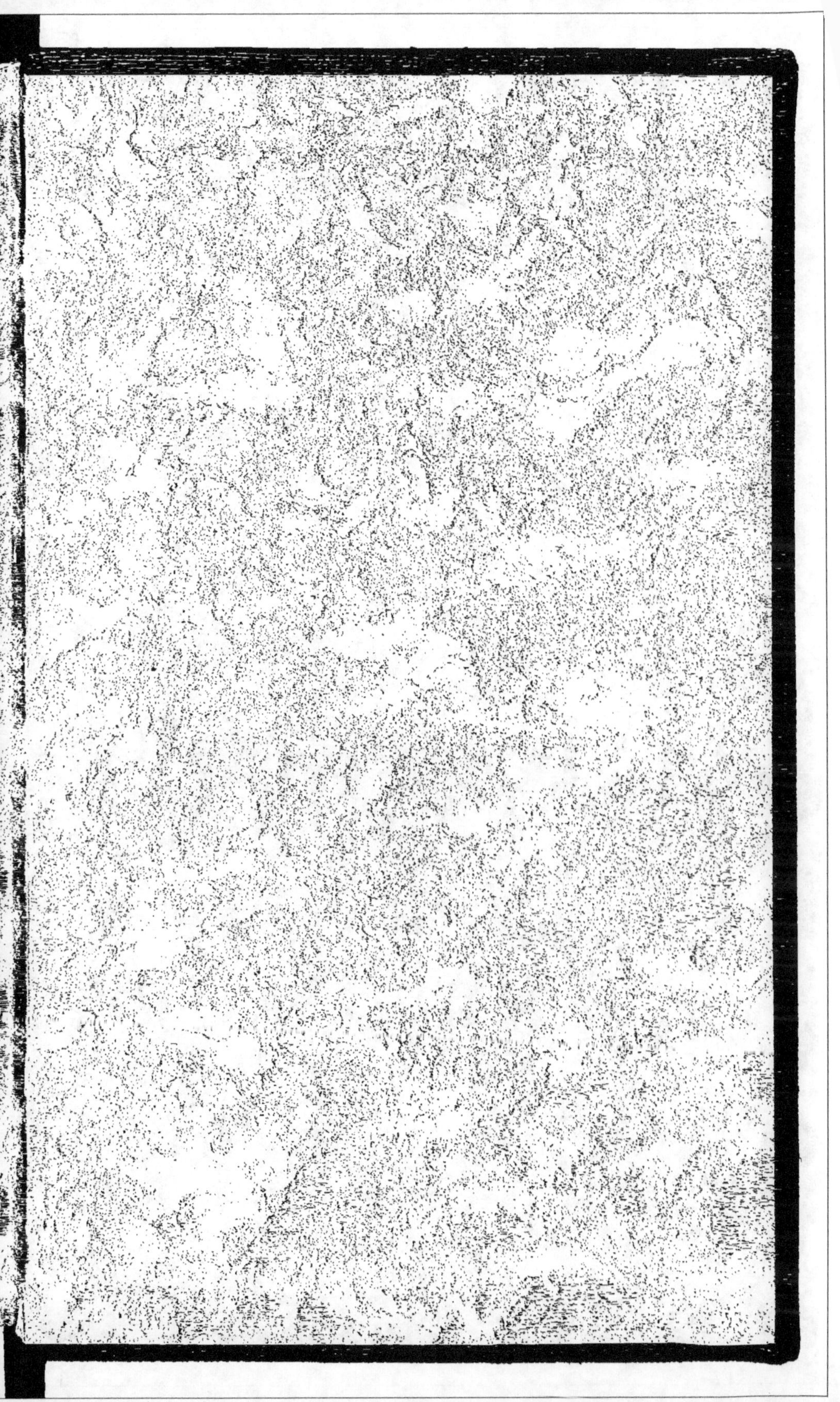